Hans-Günter Röhrig

# Fränkisches Krippenbuch

HANS-GÜNTER RÖHRIG

# Fränkisches Krippenbuch

*Mit Fotos von Emil Bauer*

St. Otto-Verlag Bamberg

Titelbild:
Heilige Nacht in der Alten Hofhaltung zu Bamberg von Jakob Gerner

Bild auf Seite 2:
Hirtenanbetung in der Gestaltung von Anton und Kunigunda Kuhn mit Figuren von Max Huscher


Alle Fotos stammen von Emil Bauer
Umschlag: Klaus Borowietz
Gesamtherstellung: Druckerei St. Otto-Verlag, Bamberg
Printed in Germany
ISBN 3-87693-043-X

# Vorwort

Die Weihnachtskrippe zählt zum Schatz, den Volkskunst und Volksglaube zusammengetragen haben. Daß sie gerade im Zeitalter nüchterner Sachlichkeit notwendig ist, darauf hat eindringlich der „Bayerische Krippenpfarrer" Johann Freitag – ein Franke übrigens – hingewiesen.
Der Krippenbrauch in Franken kann eine reiche Tradition aufweisen. Obwohl wir in einer Epoche der Neo-Aufklärung leben, ist eine intensive Wiederbelebung der Krippe zu spüren. Diese Veröffentlichung will einerseits die geschichtliche Entwicklung der Weihnachtskrippe in Franken – vor allem am Beispiel von Bamberg, das sich schon früh als Krippenstadt profilierte – aufzeigen und auch auf die Auseinandersetzung eingehen, was Krippe heute will und soll; andererseits will sie dem gestiegenen Interesse an der Krippe dienen, indem sie auch einen Krippen-Werkteil anbietet.
Dieses Buch hätte ohne die tatkräftige Unterstützung und uneigennützige Mithilfe durch Bamberger Krippenfreunde in dieser Form nicht erscheinen können. Daher bin ich dem Verein Bamberger Krippenfreunde e.V., besonders aber dessen 1. Vorsitzenden Jakob Gerner, zu großem Dank verpflichtet, ebenso den Mitgliedern Franz Döppmann, Aquilin Markl und Elfriede Riedel. Danken möchte ich auch Prof. Elisabeth Roth, die mir wertvolle Anregungen gab. Hilfestellung gewährten auch bereitwillig Domkapellmeister Wolfgang Wünsch und das Bamberger Diözesanmuseum. Am Zustandekommen dieses Buches war Emil Bauer, der Sorge trug für die Bebilderung, wesentlich beteiligt.

Für Christine und Susanne

# Inhalt

*Krippen-Werkteil*

# Die Geschichte von Bethlehem

„Laßt uns nun gehen gen Bethlehem und die Geschichte sehen, die da geschehen ist . . ."[1] So sprachen die Hirten untereinander, nachdem ihnen die Engel die frohe Botschaft verkündet hatten: daß in der Stadt Davids der Heiland geboren ist, der Messias und Herr. Der Evangelist Lukas berichtet uns das. Die Geschichte, die da geschehen ist, war die: Ein Kind, in Windeln gewickelt, lag in einer Krippe. Die Hirten machten sich auf, eilends – wie es ausdrücklich heißt. Sie sahen die Geschichte, die da geschehen war und die den Zeitenlauf änderte. Diese Geschichte sahen auch die Könige aus dem Morgenland. Sie, so schildert es der Evangelist Matthäus, traten in das Haus und sahen das Kind mit Maria, seiner Mutter.[2]

*Wurzeln des Krippengedankens*

Sehen, staunen, begreifen wollen: Im Laufe der Jahrhunderte ist die Geburt Christi vielmals nachempfunden worden in Bildwerken, in der Malerei, in Reliefs. Freilich, Krippen, wie wir sie heute kennen, sind relativ spät entstanden. In Franken war die Weihnachtskrippe nachweislich erst seit Mitte des 17. Jahrhunderts üblich.[3] Die Wurzeln des Krippengedankens reichen jedoch weiter zurück bis in die Zeit der Kirchenväter. Sie hatten dazu aufgefordert, es den Hirten gleichzutun und nachbetend und nachdenkend nach Bethlehem zu gehen. Diese betrachtende Vorstellung wird allmählich durch eine Darstellung von Kind und Mutter veranschaulicht, so daß der Gläubige wirklich einen Besuch in Bethlehem macht. Es entwickelt sich der Brauch des Kindleinwiegens, stehende oder liegende Jesuskinder werden verfertigt, Wiegen und Krippen mit dem Jesuskind zur Verehrung aufgestellt. Es entstehen die geschnitzten Weihnachtsszenen auf den gotischen Flügelaltären und auch große Krippenaltäre.[4] Hier sei nur an den Veit-Stoß-Altar im Bamberger Dom erinnert.

Das Kindleinwiegen, dieses „kirchliche Spektakel",[5] war in der damaligen Zeit übrigens auch im Protestantismus keineswegs überall verpönt. Zum Weihnachtsfest 1608 war für viel Geld eine neue gefaßte und mit einem Röcklein gekleidete Statuette des Kindes auf dem Altar der protestantischen Michaelskirche in Hof gestiftet worden, da das alte sehr künstlich zubereitete Jesulein, das man an Stelle des Weihwassers der katholischen Kirche in viele Häuser zu ihrer Weihe zu Besuch zu tragen pflegte, von den Kindern beschädigt, die Füße verloren hatte. Es wurde repariert und einer anderen Kirche zugewiesen.[6] Die Schaustellung des Jesuskindes auf dem Altar scheint ein weitverbreiteter und sehr beliebter Brauch gewesen zu sein. Auch für Bamberg hat sich ein Beleg erhalten. An der Pfarrei St. Martin in

Bamberg – es handelt sich dabei um die Kirche Alt-St.-Martin, deren Standort auf dem heutigen Maxplatz war und die 1804 abgetragen wurde – liegt eine Rechnung von 1542 vor, „für das weißleinen Tüchlein, darauf die kleinen Kindlein zu Weihnachten stehen".[7]
Die geistlichen Schauspiele des frühen Mittelalters und das Barocktheater haben ebenfalls einen starken Einfluß auf den Krippengedanken ausgeübt. Die Weihnachtskrippe ist in der Tat „die erstarrte Szenerie einer gespielten wie einer spielerischen Handlung, in die derjenige, der die Krippe aufbaut, Szenen gruppiert und verändert, als Regisseur eingreift. Die Darsteller sind die Figuren, deren theatralischer Realismus in ihrer Beweglichkeit und ihrer Bekleidung besteht . . . Sie sind in der Bühnenszenerie der Krippe versetzbar . . . Ihre Bühne ist die Landschaft mit einer echten, nicht nur illusionistischen Räumlichkeit . . . mit Krippenberg, Höhlen, Gebäuden, ganzen Städten, mit Wegen, auf denen die Figuren wie auf der Bühne auftreten und abtreten können."[8]
Der Krippe den Weg bereitet haben auch sicherlich das Andachtsbild und die reiche und vielgestaltige Welt des Weihnachtsliedes.

*Vom Wesen der Krippe*

Was verstehen wir unter Krippe? „Weihnachtskrippen sind Darstellungen der mit der Geburt Christi verbundenen Ereignisse, bei denen im wirklichen, dreidimensionalen Raum möglichst körperlich und lebendig wirkende Figuren so verteilt sind, daß im Betrachter das Gefühl entsteht, ihnen selbst beizuwohnen, damit in ihm die religiösen Gefühle in jener Stärke erregt werden, die dem erlebten Wunder angemessen ist."[9] Diese Definition bringt Rudolf Berliner in seinem auch heute noch unübertroffenen Standardwerk: „Die Weihnachtskrippe", wobei er zugibt, daß sie wohl kompliziert sei, was aber der „uneinfachen Natur der Krippe" durchaus entspreche. Der weitum als „Bayerischer Krippenpfarrer" bekannte Bamberger Johann Freitag versuchte dies einfacher wiederzugeben: Krippe ist „die räumlich, figürliche Kleindarstellung der mit der Geburt Christi verbundenen Ereignisse. Die Kunstform der Krippe erweist sich als durch einen religiösen Zweck bedingt. Es geht darum, das Erlebnis der Gegenwärtigkeit des Abgebildeten zu vermitteln."[10] Für Lenz Kriss-Rettenbeck ist die Krippe „ein materielles Medium der Kontemplation, das auf den Betrachter durch das Bild wirkt. Sie ist ein Mittel der illusionistischen und spielhaften Selbstbeteiligung am heiligen Geschehen."[11]
Berliner konnte in seinem umfangreichen Werk nachweisen, daß Franz von Assisi keineswegs – wie angenommen – der „Erfinder" der Krippe ist. Seine Weihnachtsfeier 1223 in Greccio in einem wirklichen Stall mit einer strohgefüllten Krippe und einem lebendigen Ochs und Esel daneben wollte die Szene nur äußerst sinnfällig vergegenwärtigen. Die heiligen Personen waren nicht dargestellt. Gezeigt werden sollte eigentlich nur die Schale, die Hülle, nicht der Inhalt, der blieb der Predigt, dem Sakrament vorbehalten, wie ja auch in Greccio auf der Krippe, über die ein Tragaltar gestellt wurde, das Meßopfer gefeiert wurde.[12] Berliner räumte auch gleich mit einer anderen Fehlinterpretation auf: Nichts weise darauf hin, daß der Franziskanerorden die Krippe in seiner Frühzeit verwandt oder als besonders eigentümlich empfunden habe. Dafür fehlten einfach Belege. Dasselbe gelte auch für den Dominikanerorden, für den das Verdienst einer frühen Verbreitung der Weih-

Der Weihnachtsaltar
im Bamberger Dom,
ein Werk von Veit Stoß
(1520–1524)

nachtskrippe in Anspruch genommen worden war. Dies kommt nach Berliner einzig dem Jesuitenorden zu: „Die Jesuiten bilden die einzige religiöse Gemeinschaft, der man wirklich die konsequente Verwendung der Weihnachtskrippe zuschreiben und aus Dokumenten belegen kann.“[13]
In der Jesuitenkirche in Prag wurde 1562 die erste Krippe aufgestellt. Für die Besucher der Kirche und der Krippe muß das wie eine Sensation gewirkt haben. Berichte aus der damaligen Zeit heben den großen Eindruck hervor, den der wirklichkeitsgetreue Realismus in der Wiedergabe der Personen und Sachen gemacht hat. 1601 entstehen die Krippen in der Jesuitenkirche in Altötting und 1607 in St. Michael in München.[14]
Den ersten Beispielen folgte eine schnelle Ausbreitung des Brauchs in ganz Europa: in Deutschland, Österreich, Frankreich, Italien, Spanien, Portugal. Die Geburtsstätte der Krippe lag innerhalb der kirchlichen Mauern. Über die Paläste der Großen, der Fürsten, denen Kapellen gehörten, kam sie in die privaten Wohnungen. Ein Krippenfrühling setzt allenthalben ein. Bereits 1567 besitzt die Herzogin von Amalfi eine Hauskrippe mit 167 Figuren. Erzherzogin Maria von Steiermark bestellt bei ihrem Bruder Herzog Wilhelm in München Krippenfiguren, nicht im ganzen geschnitzt, sondern wie man die Döcken macht, also bekleidete Puppen mit Drahtgelenken, so daß mehrere Szenen, auch die Darstellung im Tempel, sogar noch das Pfingstwunder, aufgebaut werden können. Die Renaissance hatte den Sinn für die Natur gesteigert und das Krippengeschehen mitten in die Landschaft hineingestellt. Das Barock wird nicht müde in schier unerschöpflichen Verwandlungen das gesamte Volksleben, besonders in der pomphaften Dreikönigsszene, miteinzubeziehen.[15]

In der Krippenkunst heben sich Kerngebiete heraus: Italien, die Alpenländer, Spanien, Südfrankreich und Oberdeutschland. In Neapel gab 1661 die Krippe der Goldschmiedbruderschaft, die von unbeschreiblicher Pracht gewesen sein muß, Anstoß zur Weiterentwicklung, die dann meteorhaft aufleuchtet unter dem Krippenfreund auf dem Königsthron, Karl III. Dieser Fürst hatte 1740 eine Porzellanmanufaktur in Capodimonte gegründet und mit Hilfe hervorragender Kleinplastiker selbst eine künstlerische Krippe geschaffen. Beim Schneidern der Gewänder hatten sich auch die Königin und der Hofstaat beteiligt. Die Stoffe wurden in der königlichen Textilmanufaktur eigens angefertigt und bis ins kleinste genau der Wirklichkeit nachgebildet.[16]
Auf deutschem Boden sind die Krippen beschaulicher und inniger, deswegen auch schlichter, der Volkskunst näher, mehr „Hilfsmittel der geistlichen Pilgerfahrt“.[17]

### *Geschichtliche Entwicklung der Krippe in Franken*

Die Krippe ist recht volkstümlich geworden, trotz oftmals sehr widriger Zeitumstände. Sie hat Heimatrecht erworben in vielen Familien – in Franken geradeso wie anderwärts.
Freilich, die Krippentradition in Franken ist – gegenüber anderen Gebieten – jung. Zudem sind die Berichte und Belege über die Verbreitung des Krippenbrauches in Franken spärlich. Es gab zwar im 18. Jahrhundert einen weitverbreiteten Krippenbau, wie Berliner ausführt, doch „scheint er durchwegs auf volkstümlichem Niveau geblieben zu sein; es ist bisher nichts Bemerkenswertes von dorther bekannt geworden!“.[18] Die fränkischen Krippenfreunde mögen diesen Satz nicht. Er trifft sie zu hart und

Krippenrelief
aus dem 18. Jahrhundert
in der Pfarrkirche
zu Burk bei Forchheim

entspricht auch nicht ganz den tatsächlichen Gegebenheiten. Dr. Georg Hager, Königlicher Konservator am Bayerischen Nationalmuseum in München, fand in seinem 1902 erschienenen Werk „Die Weihnachtskrippe“ ganz andere Worte. Bezüglich der Krippe in Franken bemerkt er: „Nicht minder begegnen wir der Krippe im Frankenlande, z. B. in Würzburg, Eichstätt, Bamberg. In Bamberg hat sich die Krippe sogar so reich entwickelt, wie vielleicht sonst nirgends in Deutschland.“[19]

Die Väter des Krippenbaus in Bamberg waren – und das steht fest – die Jesuiten. 1610 nach Bamberg gerufen, brachten sie auch die Krippe nach Franken, wo sie als volkstümliches Anschauungsmaterial diente. 1615 berichtet die Kirchenchronik von Alt-St.-Martin, das damals von den Jesuiten betreut wurde, daß am Weihnachtsfest ein „Theatrum in festo Nativitatis Christi“ aufgebaut wurde. Ein „Krippenhauß“ wurde aus geliehenem Brettermaterial zusammengezimmert und mit „drei Schütt Stroh“ gedeckt. Ochs und Eselsköpfe wurden „geschnitten und gemalt“.[20] Vor dieser Kulisse wurden dann Krippenspiele aufgeführt, die ein Kaplan Johann Degen, Herausgeber eines Gesangbuches, verfaßt hatte. Nach dem Tod Degens (1637) fanden keine Spiele mehr statt. Jetzt widmete man sich intensiver dem Krippenbau. Gudula Bonell schreibt in ihrem Buch „Bamberger Krippen“: „Die St. Martinskrippe, die man bis 1701 am Sebastianialtar und dann am Apostelaltar von Weihnachten bis Lichtmeß aufgestellt hatte, war umfänglicher und reichhaltiger geworden. 1699 erneuerte der Maler Caspar Hetzel den Hintergrund, wozu 32 Ellen Tuch erforderlich waren. Man kann sich also einen Begriff vom Ausmaß dieser Krippe machen. 1690 wurden neue Kleider für die Muttergottes und den heiligen Josef gefertigt, 1702 ein Thron für Herodes. Die Figuren waren teils aus Wachs, teils aus Holz, meist kostbar bekleidet. Es ist von Gewändern aus Samt und Taft und mit Besätzen von goldenen und silbernen Spitzen und mit ebensolchen ‚Zäcklein und Fränzlein‘ die Rede. – Die Krippe war allem Anschein nach eine wertvolle Künstlerarbeit. Das Landschaftsrelief wurde unter Mithilfe des Benediktinerpaters Isidor Bittel aus leimgetränktem Material hergestellt und bemalt. Alle Schnitzereien hatte der Bildhauer Hans Stöhr geschaffen, die Maler- und Vergolderarbeiten wurden von Georg Müller und kostbares Kleingerät vom Goldschmied Johann Georg Heim gefertigt.“[21]

Die Bamberger Bürgermeisterstochter und Dominikanerin im Kloster Heilig Grab, Anna Maria Junius, schrieb und bebilderte 1643 ein Gebetsbüchlein: „Himmlischer Wegzeiger“, worin sie Betrachtungen über die Krippe anstellt und darin ihre Mitschwestern ermahnt, während der Advents- und Weihnachtszeit Tag für Tag ein Stück mehr am geistigen „Crippelein“ weiterzubauen.[22]

Jahre zuvor hatte Anna Maria Junius mitten im Dreißigjährigen Kriege unter dem 1. Januar 1634 in ihr Tagebuch notiert: „Sundtag den 1. January alls dem heilligen neuen Jarstag haben wir mit grossen freüdten angefangen / dan die Jesuwiedter haben an uns begert wir sollen ein Jesuskindlein ihm kripplein in unser kirgen setzen / so wollen sie mit ihren schulkindtern kumen und das kindlein iesu grüssen und verehrn / welches wir gethon haben / auch haben wir 4 kindter zu dem kriplein gesetzt welche wir gar schön gekleit haben / das meidtlein ist die mutter gottes gewessen und das Büeblein ioseff welchen wir einen krahen Bart und har haben umgethon und auffgesetzt / aber die andtern zwei Büblein haben wir wie englein gekleit diesse haben wir zum kriplein

„Hie ist Maria die würdig mutter gottes sich in höchster andacht bereitten zu der geburt in den offenen Stall zu Beth.“ Aus dem Gebetbuch der Anna Maria Junius

gesetzt welches gar schön und andechtig gewesen ist / alls nun die Jesuwiedter mit den kindern in unser kirgen kumen seint / da haben sie gesungen der tag der ist so freydenreich und das ander gesetzt haben wir auff unserer Orgel geschlagen und wir schwestern haben trein gesungen / darnach haben die kinder das kindtlein / maria und Joseff gegrüst mit schönen sprüchen nach solchigen haben sie wiederumb ein weinnachten liedtlein gesungen / und wir wiedter geschlagen und drein gesungen / alsdann haben sie das kindtlein Jesu wiederumb gegrüst auch bisweilen maria und Joseff welches gar schön und andechtig gewesen ist / und uns eine rechte andacht geben hat.“[23]

So wie in Bamberg und seinem Umland fand im Zeitablauf des 16., 17. und 18. Jahrhunderts die Krippe Eingang in Kirchen und Klöster des weiten fränkischen Landes. Aber auch in die Familien, in Bürger- und Adelshäuser kehrt die Krippe ein. Besonders an den adeligen Höfen begann man dabei sich in der Ausgestaltung der Krippe und deren prunkvollen Darstellungen zu überbieten. Gebräuchlich waren und sind auch heute noch bewegliche Gliederfiguren in verschiedenen Größen, aus Holz oder Wachs, selten aus Zinn gefertigt, in orientalische Gewandung oder fränkische Tracht gekleidet.[24]
Aus dieser Zeit sind folgende Krippen namhaft bekannt, in: Hilpoltstein 1664, Zentbechhofen 1665, Fulda 1691, Eichstätt, Gößweinstein und Volkach Ende des 17. Jahrhunderts, Würzburg 1719, weiterhin aus dem 18. Jahrhundert Tirschenreuth, Ebrach, Oberfladungen, Marktschorgast, Kupferberg,

Schwarzenbach, Dinkelsbühl, Herrieden, Sambach und St.-Michaels-Kloster in Bamberg. Daneben ist aus der gleichen Zeit auch eine größere Kirchenkrippe von St. Martin zu Bamberg urkundlich nachgewiesen.[25]

In die zweite Hälfte des 18. Jahrhunderts fällt auch der Beginn der Krippengeschichte der Pfarrei zu Unserer Lieben Frau. Es ist die einzig erhaltene historische Krippe Bambergs.

Bamberg hatte auch in der Herstellung von Krippenwaren einen Ruf. Die Pfarrei Zentbechhofen kaufte in Bamberg 1665 „Krippenware" und 1680 „die drei Könige aus dem Morgenlande aufs Krippele".[26] Krippenpfarrer Freitag schreibt: „So war dann überall ein Krippenfrühling und des Blühens wollte kein Ende nehmen. Da fiel ein Reif in der Frühlingsnacht. Gerade von Bamberg aus erfolgte ein staatliches Verbot der Weihnachtskrippe."[27]

*Verbot eines Volksbrauchtums*

1803 gilt als Schicksalsjahr in der fränkischen Krippengeschichte. Ein Erlaß vom 4. November des Churfürstlichen Fränkischen Generallandkommissariats, unterzeichnet von Graf von Thürheim, verbot die Aufstellung der Krippen in den Kirchen: ein Volksbrauchtum sollte, da nicht mehr einem aufgeklärten Zeitalter zeitgemäß, restlos ausgemerzt werden.

Die betreffende „Höchstlandesherrliche Verordnung" lautet – und sie sei bewußt im Wortlaut hier festgehalten – : „Sinnliche Darstellungen gewisser Religionsbegebenheiten waren nur in einem solchen Zeitraume nützlich oder gar nothwendig, in welchem es an geschickten Religionsdienern fehlte, die Unterrichtsanstalten noch sehr mangelhaft waren, und das Volk noch auf einer so niedrigen Stuffe der Cultur und Aufklärung stand, daß man leichter durch Versinnlichung der Gegenstände, als durch mündlichen Unterricht und Belehrung auf den Verstand wirken, und dem Gedächtnisse nachhelfen konnte. – Zu diesen sinnlichen Darstellungen gehören die so genannten Krippen, durch welche die Geschichte der Geburt und einiger anderer Begebenheiten aus dem Leben unseres Heilandes anschaulich gemacht werden sollten. Da die Einwohner der fränkischen Provinzen seit geraumer Zeit so weit in der religiösen Aufklärung fortgeschritten sind, daß es solcher Vehikel zur religiösen Aufklärung und Belehrung nicht mehr bedarf, da die Krippen meist schon abgeschafft sind und die nur noch in einigen Kirchen beybehalten lediglich kleinen Kindern zum Vergnügen dienen können, so werden die Beamten und Pfarrer angewiesen, die Aufstellung der Krippen in den Kirchen ihrer Amts- und Pfarreybezirke, wo sie bisher noch üblich war, künftig nicht mehr zu gestatten."[28]

Zugegeben, das Barock hatte sich gerade im religiösen Bereich ins Unermeßliche gesteigert, und vielerorts schlug echte Volksfrömmigkeit in Sentimentalität um. Kultische Bräuche wurden übertrieben.[29] Das Zeitalter der Französischen Revolution und Napoleons bis zum Wiener Kongreß sowie die ersten Jahre danach brachten für Deutschland nicht nur einschneidende territoriale Veränderung,[30] auch das Welt- und Lebensgefühl hatte sich im fortschreitenden 18. Jahrhundert grundlegend geändert. „Statt der unermeßlichen illusionistischen Weiten verlangten die Menschen jetzt nach überschaubaren Ordnungen, statt gefühlsseligen Überschwangs nach rationaler Klarheit und Nüchternheit, statt himmlisch-irdischen Prunkes nach Hilfe und Nützlichkeit im menschlichen Alltag. Den Menschen des aufge-

Rokokokrippe aus dem
ehemaligen
Kloster Ebrach.
Stadt- und Heimatmuseum
Gerolzhofen

klärten Zeitalters waren die barocken Festgewänder zu schwer und faltenreich geworden. So wurde die Aufklärung einer der großen Entlastungsversuche der abendländischen Gesellschaft."[31] Die Eingriffe in die religiösen Gewohnheiten der Bevölkerung waren rigoros. Nicht nur die Krippe verschwand. Ebenso verboten wurden die beliebten Kreuz- und Bittgänge, die großen Wallfahrten. Viele Volksandachten wurden streng untersagt. Heiligenbilder, Martersäulen an den Straßen und Feldkreuze mußten niedergerissen werden.[32] Auch ein großer Teil des Klerus war darauf aus, den simplen Gläubigen zu einem richtigen Vernunftswesen auszubilden. Dementsprechend wurde beispielsweise eine „edle Simplicität" bei der Ausschmückung der Kirchen erstrebt. Der Bamberger Kaplan Fr. Brenner verfaßte einen Artikel in der Batzschen Theologischen Zeitschrift (1809), in dem er befriedigt feststellt: „Mehr als ehemals ist man in unseren Tagen darauf bedacht, bessere Bilder und Statuen auf die Altäre zu bringen; auch hat man angefangen, die figürlichen Darstellungen mancher biblischen Geschichten, z. B. der Geburt und Himmelfahrt Christi, der Sendung des heiligen Geistes ganz und gar zu unterlassen, weil dergleichen sinnliche Vorstellungen bey der höheren Bildung und dem gründlichen Unterrichte nicht mehr nothwendig sind."[33]

Es gab allerdings auch andere Stimmen. Weihbischof Zirkel von Würzburg, „einer der prägnantesten Vertreter der auslaufenden Aufklärungszeit"[34], beklagte in einem Promemoria an den großherzoglichen Minister von Wolkenstein das Verbot der Krippen: „Durch diese Darstellungen wurde den Sinnen gegeben, was die Geschichte als vergangen erzählt . . . Keine Religion, welche den ganzen Menschen ergreift, kann solcher Darstellungen entbehren, die sich tief der Einbildungskraft eindrücken, mit dem Gefühl sich verbinden und durch beide Kanäle die Wahrheit dem Gemüt zuführen."[35]

Dem Volk paßte es nicht, so puritanisch nüchtern zu werden, wie es die aufgeklärte Regierung in München wollte. So war es eigentlich nicht verwunderlich, daß die gutchristliche fränkische Bevölkerung, die mit großer Liebe ihre alten bodenständigen Bräuche wie Prozessionen, Wallfahrten, Trachten und auch die Krippen pflegte – sie tut es auch heute noch – , nicht ruhte, bis sie eine Aufhebung des Erlasses am königlichen Hofe in München erwirken konnte. Als König Ludwig I. an die Regierung kam, richtete der Bamberger Erzbischof, Josef Maria Freiherr von Fraunberg, ein Schreiben an den unterdessen zum Staatsminister emporgestiegenen Grafen von Thürheim „mit dem Wunsche der hiesigen Bürgerschaft, in den Pfarrkirchen wieder Krippen aufstellen zu dürfen". Thürheim, dessen Unterschrift unter dem Krippenverbot stand, hatte dann am 16. Dezember 1825 „die Ehre zu eröffnen", daß diesem Wunsche kein Hindernis mehr in den Weg gelegt wird.[36]

Die Krippen, 22 Jahre auf Dachspeichern oder in Kammern verborgen, tauchten wieder aus den Verstecken auf und erhielten ihren Platz im religiösen weihnachtlichen Brauchtum zurück. Freilich, von den teils wertvollen und berühmten Kirchen- und Klosterkrippen hatten nur wenige die schwere Zeit überdauert. Es brauchte seine Zeit, um die Krippenarbeit wieder neu zu erwecken. Urkundlich festgehalten ist über die Krippenpflege in der folgenden Zeit wenig. Doch die vielen Krippen in den Kirchen und im Privatbesitz um 1900 und später lassen auf eine kontinuierliche Weiterführung dieses Brauches schließen.[37]

# Domvikar Johann Baptist Cavallo's Krippenschrift

„Kurzer Unterricht über den Gebrauch der Krippen zur Weihnachtszeit, nebst Andachtsübungen beim Besuche der Krippen" – so betitelte Johann Baptist Cavallo, Domvikar und Sekretär des Bamberger Domkapitels, ein schmales 16seitiges Heftchen, das er 1826 bei Johann Baptist Reindl in Bamberg herausgab, ein Jahr nach der Aufhebung des Krippenverbotes. Cavallo, ein fruchtbarer Schriftsteller – er verfaßte ein Diözesangesangbuch und verfertigte etliche Erbauungsschriften –, war es ein Herzensanliegen, die „Bedeutung und fromme Absicht der Krippen" Menschen darzulegen, denen dieser fromme Brauch in einer kalten, freigeistigen und maßlos aufklärerischen Zeit fremd geworden war. „Die Wiedereinführung der Krippen in unseren Tagen ist eine für die gegenwärtige neuere Generation fremde Erscheinung im religiösen Gebiete, und giebt Anlaß zu verschiedenen Fragen, Urtheilen und Meinungen", schreibt er in der Einleitung. „Die nicht Unterrichteten fragen nach der Bedeutung und Absicht der Krippen; die stolzen Zeitgeister ärgern sich, spotten und hohnlächeln, und sehen in arger Befangenheit das Rad der Zeit rückwärts gehen; wieder andere erschöpfen sich in Bedenklichkeiten. Die warmen Verehrer aber der Religion und ihrer ehrwürdigen Gebräuche sehen ihre frommen Wünsche erfüllt, freuen sich, und hoffen nur Gutes und Ersprießliches. Eben deshalb wird ein kurzer Unterricht über den Gebrauch der Krippen zur Weihnachtszeit nicht am unrechten Platze seyn", meint Cavallo.

Der Bamberger Domvikar Johann Baptist Cavallo war ein beredter Mann, fromm, als geistlicher Dichter und Musiker hoch verehrt, trotz eines Nervenleidens rührig und auch in der Seelsorge erfahren. Herzog Wilhelm von Bayern wählte ihn als Beichtvater. Ehrungen blieben nicht aus: 1830 erhielt er die Insignien eines Kaplans des königlich-bayerischen Hausritterordens vom hl. Michael.[38] Cavallo wußte komplizierte Sachverhalte einfach auszudrücken. Was sind Krippen? Diese Frage beantwortete er schlicht und allgemein verständlich: „Krippen sind eine Nachbildung der Gegend und des Stalles zu Bethlehem, wo Jesus der versprochene Weltheiland nach der Weissagung der Propheten geboren wurde; – sie stellen uns auf eine sinnliche Weise die wichtigsten Umstände und Begebenheiten bey und nach der Geburt Jesu vor, und haben somit eine hohe und Errinnerungsvolle Bedeutung. Hieraus ersieht man auch schon die fromme und gute Absicht der Krippen."[39] Im durchaus verständlichen Stil der Zeit fährt Cavallo fort: „So wie nämlich der Anblick des Kreuzes und das hohe und trostvolle Erinnerungszeichen des Versöhnungstodes Jesu und der von ihm vollbrachten Welterlösung ist, so erinnert uns der Anblick der Krippen mit süßer heiliger Freude an die

gnadenreiche Geburt Jesu, als den Anfang unserer Erlösung, und zieht uns zu frommer Rührung und Andacht, und zu heilsamen Betrachtungen hin."[40]
Das mögen manche Theologen und wiederum aufgeklärte Gläubige so heute nicht hören. Aber das kindlich-fromme Gemüt Cavallo's kannte diese Skrupel nicht: „Denn alles, was nur immer unsere Errinnerung und frommen Gefühle für Jesus den Begründer und Vollender unseres Heils in Anspruch nimmt, muß jedem unverdorbenen religiösen Herzen willkommen und theuer seyn; mithin auch vorzüglich die Bedeutungsvolle Erinnerung an seine Geburt, durch welche Heil und Segen über alle sündige Menschen gekommen ist."[41]
Natürlich führt Cavallo die Krippenerfindung auf den heiligen Franz von Assisi zurück: Franz von Assisi habe den Stall und die Krippe zu Bethlehem figürlich nachzubilden versucht, um „seine heilige Freude zu nähren". Daß diese Zuschreibung nicht zutrifft, haben ja erst neuere Forschungen bewiesen.
Für die „allgemeine Einführung der Krippen in der ganzen Kirche" hat der Bamberger Domvikar eine ebenso einfache wie zu Herzen gehende Erklärung: „Weil nun die sinnliche Vorstellung der Krippen trefflich geeignet war, vorzüglich auf die zarten Herzen der Kinder mit religiösen Eindrücken zu wirken, ihre Gefühle schon frühzeitig für das göttliche und himmlische zu stimmen, und sie mit heiliger Freude und Liebe zu Jesus Christus hinzuziehen, dem sie ihr künftiges Leben durch Tugend und Heiligkeit weihen sollen; weil ferner selbst den Erwachsenen die Vorstellung der Krippen zur Andacht und Erbauung, und besonders den Ungelehrten zu einer Art Unterweisung dienen konnte; so wurde nachher der fromme Gebrauch der Krippen in der ganzen Kirche allgemein eingeführt, und muß uns also schon deshalb als ehrwürdig erscheinen".[42]
Auch über die „Erforderniß einer zweckmäßigen Einrichtung und würdigen Beschaffenheit der Krippen" hat sich Cavallo Gedanken gemacht. Er schreibt: „Sollen aber Krippen die gute Absicht erreichen, daß durch ihre anziehende Beschaulichkeit Geist und Herz auf eine feierliche Weise ergriffen, und in eine wahrhaft fromme religiöse Stimmung versetzt werden; so müssen die Darstellungen, ihre figürlichen und kostumlichen Gestaltungen der Hoheit des religiösen Gegenstandes, der Wahrheit der heiligen Geschichte, der Würde der christlichen Tempel, und auch dem reinen und edlen Geschmacke entsprechen."[43]
Scharf wendet sich Cavallo gegen „unwürdige Vorstellungen": „. . . unziemliche Figuren, alberne Kostüms und spielende Tändeleien sind daher nur geeignet, die gaffende Menge zu belustigen, die Erweckung des religiösen Sinnes, sowie die ganze fromme Absicht zu vereiteln, den Gebrauch der Krippen in's kleinliche und lächerliche zu ziehen, und eben dadurch gegründeten Stoff zum schreienden Tadel zu geben. Alles dieß", so betont Cavallo nochmals eindringlich, „sowie jede Ausartung in Mißbrauch muß daher beim Gebrauche der Krippen von den christlichen Tempeln fern gehalten werden."[44]
Daß dies ein hoher Anspruch ist, der sich vielleicht doch nicht durchhalten läßt, darüber ist sich Cavallo sehr wohl bewußt. Deshalb schränkt er etwas ein:

Anbetung der Hirten in der Gestaltung von Anton Kuhn †. Die Figuren schnitzte Max Huscher. Dieser Krippenschnitzer ist mit der Geschichte der Bamberger Krippenarbeit eng verbunden: Wohl kaum ein Krippenfreund, der nicht Figuren aus seiner Hand besitzt! Huschers Figuren bestechen durch ihre ausdrucksvollen Gesichter, durch die zartgliedrigen Hände und die dezente Colorierung. ▶

„Da aber jedoch die allmähliche Wiedereinführung der Krippen vorerst nur von sehr beschränkten Mittel abhängt; so wird auch der einsichtige und billigdenkende die anfängliche durch Umstände gebotene Einfachheit der Krippen leicht entschuldigen, und mehr die fromme gute Absicht im Auge haben, als sogleich alles das erwarten, was ohnehin erst günstigeren Verhältnissen überlassen werden muß“.[45]
Cavallo geht es in seiner Schrift vor allem um den andächtigen und würdigen Besuch der Krippen, „wenn der beabsichtigte Nutzen erreicht werden soll“. Deshalb auch seine Forderung: „Fern von geistlosen Zerstreuungen, und allen eitlen Absichten, nur aus frommen und rein religiösen Beweggründen geschehe daher der Besuch der Krippen“. Das Programm der Andachtsübungen umreißt der geistliche Schriftsteller in blumiger, aber in damaliger Zeit durchaus üblicher Sprache: „Wahre Andacht und Rührung, heilige Erinnerungsvolle Gefühle sollen sich da über unsere Herzen verbreiten; heilsame Betrachtungen über die unendliche Liebe Jesu in seiner Geburt, über die segensreichen Folgen derselben zur Rettung und Erlösung der sündigen Welt sollen uns da beschäftigen, uns zur Anbetung, Lob und Preis, uns zu den herzlichsten Dank gegen die göttlichen Erbarmer stimmen, sowie die kräftigsten und heiligsten Entschlüsse in uns erzeugen. Jesus dem Allerheiligsten, dem Retter des Menschengeschlechtes, in welchem nur allein wahres Heil ist, unsere Herzen durch Gegenliebe, durch Tugend und Heiligkeit auf ewig zu weihen“.[46]
Cavallo schließt seine Schrift mit einem Weihnachtslied für Kinder, von dem auch heute noch die zweite und dritte Strophe gesungen wird:

1. Kommt Kinder! von heiliger Freude entzückt
Zur Krippe in Bethlehems Stall, und erblickt
In reinlichen Windeln das göttliche Kind,
Viel schöner und holder als Engel es sind.

2. Seht Kinder! da liegt es auf Heu und auf Stroh,
Maria und Joseph betrachten es froh,
Die redlichen Hirten knie'n betend davor,
Und jubelnd schwebt oben ein himmlischer Chor.

3. O beugt wie die Hirten anbetend die Knie,
Erhebet die Hände, und danket wie sie,
Stimmt freudig ihr Kinder! wer sollt' sich nicht freu'n?
Stimmt freudig zum Jubel der Engel mit ein.

4. O betet: Du liebes, Du göttliches Kind!
Was leidest du alles für unsere Sünd'!
Ach hier in der Krippe schon Armuth und Noth,
Und dann erst am Kreuze den schwerzlichsten Tod.

5. Was geben wir Kinder, was schenken wir Dir,
Du Bestes und Liebstes der Kinder! dafür?
Nichts willst du von Schätzen und Freuden der Welt,
Ein Herz nur voll Unschuld allein dir gefällt.

6. So nimm uns're Herzen zum Opfer dann hin!
Wir geben sie gerne mit freudigem Sinn,
Und mache sie heilig und selig wie Deins,
Und mach' sie auf ewig mit Deinem zur Eins.[47]

Das weihnachtliche Geschehen verlegt Adam Kirchner in den Rothof bei Bamberg mit dem Dom im Hintergrund. Die Figuren sind von Max Huscher

# Vom „Bayerischen Krippenpfarrer“ Johann Freitag

Wer sich mit der Geschichte der Weihnachtskrippe in Franken, mit ihrer intensiven Wiederbelebung nach dem Zweien Weltkrieg befaßt, kommt an einem Mann nicht vorbei, für den die Krippenarbeit zum Lebensinhalt wurde: Johann Freitag. „Transeamus usque Bethlehem“ – „Laßt uns nach Bethlehem gehen!“ wünschte sich der Bamberger Priester Johann Freitag als Grabgesang. Diese Aufforderung der Engel an die Hirten war auch jahrzehntelang ein Kernwort zahlreicher Predigten und Aufsätze des „Bayerischen Krippenpfarrers“, ein Beinamen, den ihm ein Tiroler bei der ersten Begegnung 1948 in Innsbruck gab[48] und den er bis zu seinem Tode 1978 mit Stolz trug.

Mit der Krippe war Freitag schon in früher Jugend in Berührung gekommen. 1901 geboren, aufgewachsen in Bamberg am Knöcklein, und so zur Pfarrei Unserer Lieben Frau gehörig, durfte er schon als Ministrant beim Aufstellen der über Bamberg hinaus berühmten Krippe der Pfarrkirche mithelfen. 1925 zum Priester geweiht, wirkte Freitag als Kaplan in Fürth/St. Heinrich, in Schnaittach und in Bamberg/St. Martin. Hier erfuhr er durch seinen Amtsbruder Alfred Lorentz Anregung zu aktiverer Krippenarbeit. 1935 kam er als Kuratus nach Niedermirsberg (Dekanat Ebermannstadt), wo er in sieben entscheidungsvollen Jahren während der Zeit des Nationalsozialismus „den Wert der Glaubensverkündigung durch Krippenbau besonders als aktive Tätigkeit der Jugend für die Kirche und die Familie erkannte“.[49] In schwerster Kriegszeit wurde ihm 1942 die Pfarrei St. Josef in Nürnberg übertragen. Dort mußte er erleben, wie seine Kirche bei einem Luftangriff zerstört wurde. Seine mühevoll zusammengetragenen Krippenschätze lagen unter den Trümmern des Pfarrhauses. Damals, so erzählte Freitag, habe er nach dem Bombenangriff bangen Herzens seine Krippe im Schutt gesucht und auch gefunden. Er habe sie voll Ergriffenheit herausgeholt und sie seinen Freunden gezeigt[50] und so Trost gefunden. „Das war kein einmaliges Ereignis in seinem Leben, das ist sein Lebenswerk! Er holte aus den Trümmern des furchtbaren Krieges den Krippenverein mit seinen Freunden heraus und stellte immer wieder die Krippe hinein in die Zeit des Aufbaues und Aufblühens, aber auch in die Zeit des folgenden genießerischen Sattseins.[51]

Im ersten Nachkriegsjahr stieß Freitag zu den organisierten Kripplern. Er übernahm kurzfristig die Schriftführung der Zeitschrift: „Der Bayerische Krippenfreund“, ab 1948 leitete er als Vorsitzender zwanzig Jahre die Geschicke des Vereins Bayerischer Krippenfreunde. Aus Altersgründen verzichtete Freitag 1966 auf seine Pfarrstelle in Nürnberg und kehrte als Kommorant in seine Heimatstadt Bamberg zurück. Als Altensitz hatte er sich das Bürgerspital

Krippenpfarrer Johann Freitag in seiner „Krippenklause"

auf dem Michaelsberg ausgewählt. Auf ausdrücklichen Wunsch bekam er im Parterre ein Gewölbezimmer, das er sich als „Krippenklause" einrichtete. Hier „beleuchteten seinen Lebensabend eine Überfülle kleiner und großer Krippen, die er als kundiger Sammler und schöpferischer Gestalter besaß. Die Faszination Tirols und seiner Schnitzer auf Pfarrer Freitag war ebenso sichtbar wie Werke aus der Provence; dazu kamen seine Bamberger Heimatkrippen mit dem Hintergrund Jungkindshof oder, hoch auf der Lampe, das Weihnachtsgeschehen vor der Altenburg. Die Heimatkrippe verteidigte der Geistliche mit dem theologischen Argument: Bethlehem ist überall, an allen Orten kann Christus geboren werden".[52]

Bis zu seinem Tod blieb Pfarrer Freitag ein Gestalter, ein Verkünder und Verteidiger der Krippe. Daß er auch ihr Geschichtsschreiber für Bamberg und Franken wurde, darauf hat in einem Nachruf Prof. Dr. Elisabeth Roth ausdrücklich hingewiesen.[53] Die geistesgeschichtliche und geschichtliche Entwicklung der Krippe war ein Thema, das Freitag immer wieder in Aufsätzen und Predigten beschäftigte.

Seine angeschlagene Gesundheit veranlaßte ihn 1968, auch das Amt des ersten Vorsitzenden des Bayerischen Krippenvereins niederzulegen, was nun nicht besagte, daß seine Bemühungen um die Verbreitung des Krippengedankens nachließen. Beim 50jährigen Jubiläum des Vereins der Bamberger Krippenfreunde hielt er im Kaisersaal der Residenz die Festansprache, die sicherlich zumindest in die Bamberger Krippengeschichte eingegangen ist und in der er die Losung ausgab: „Über Bamberg leuchtet die Krippe auf." Nicht nur die Vergangenheit suchte er hier zu bewältigen, ihn bewegte auch die Zukunft, in einer Zeit, „wo alles Alte abgeschafft und alles neu gemacht wird und für das Alte, auch für die Krippe, kein Platz mehr ist in unseren Kirchen und Häusern".[54] Seine Antwort war aufmunternd positiv, trostvoll: „Ich glaube an die Zukunft der Krippe" und er führt dafür drei Gründe an:

1. Auf Bethlehems Fluren hieß die Botschaft: 'Heute ist euch der Heiland geboren' – Heute! Das ist das große Heute, mehr als der augenblickliche Tag, es ist das große Heute der Endzeit, in dem Gott in der Welt handelt und die Endzeit heraufführt und alle Verheißungen zur Erfüllung bringt. Also ist das zu Menschen gesprochen, die in dieser Gegenwart, im konreten Heute dieser Welt und Geschichte leben! Darum haben wir auch in der Krippenschau das Weihnachtsgeschehen ins Hier und Heute verlegt: in den Jungkindshof, den Madlershof, die Alte Hofhaltung, in die Altenburg und immer wieder nach Bamberg, ja selbst an die Zonengrenze, an die Sperrmauer. Denn das Krippengeschehen ist heute, immerwährende Gegenwart, das dann in den kommenden Geschlechtern weiterwirkt bis in die Endzeit.

2. In unseren Tagen herrscht doch überall der nackte Verstand, in allen Wissenschaften, auch in der Theologie, in der Schrifterklärung. Man weiß nichts mehr vom Wert des Gemütes, und doch gehört Herz und Gemüt zum ganzen Menschen! Wir müssen wieder Herz und Gemüt zurückholen, wenn wir weiter Menschen und Christen sein wollen! In unseren Krippen, aus gläubigem Gemüte kommend, müssen wir etwas von Herz und Gemüt dem modernen Menschen bringen.

3. Unsere Zeit ist doch ganz und gar auf Sehen, auf Bilder eingestellt: in den Illustrierten, im Fernsehen; ausgerechnet in dieser bildverhafteten Zeit schaffen wir nackte kahle Betonmauern, bildlos sondersgleichen. Alles schreit nach Bildern, zumal unser Herr doch so viel in Bildern gesprochen hat und in Gleichnissen. Wenn allein in der Hirtengeschichte schon dreimal vom Sehen gesprochen wird, so sollen auch unsere bildverhafteten Menschen nicht bildlos bleiben, sie sollen unsere Krippen als Bilder sehen, als Schaubilder des ganzen Evangeliums. Aus diesen drei Gründen glaube ich an die Zukunft der Krippe, die in Bildern Herz und Gemüt, im immerwährenden Heute Wärme und Geborgenheit den Menschen geben kann".[55]

Der Krippenpfarrer war ein gesuchter Prediger, der

Sternsinger
von Sepp Mathoi.
Aus der
Krippensammlung
von Jakob Gerner

seine Ansprachen im Rundfunk und bei festlichen Anlässen gerne mit historischem Wissen unterlegte. „Die Verbindung von historischer und pastoraler Aussage war für Johann Freitag ebenso charakteristisch wie die Symbiose von künstlerischer, ikonographischer und theologischer Deutung bei Führungen im Dom, in der Oberen Pfarre oder in den Ausstellungen. Die Wechselwirkung von historischer Rückbesinnung und aktivem Handeln, von spekulativer Betrachtung und schöpferischer Tat blieb kennzeichnend für den Freund der Geschichte und der Kunst".[56]

Johann Freitag hat der „Krippe zum Zünden" geholfen. Dieses Lob sprach der Nachfolger Freitags als Landesvorsitzender der bayerischen Krippenfreunde, Erich Lidel, bei der Verabschiedung des Krippenpfarrers aus.[57] Als bloße Zusammenstellung von Figuren kann die Krippe ein Kunstwerk sein. Aber als Glaubenszeugnis ist die Krippe leuchtendes und wärmendes Feuer. So hat der Bayerische Krippenpfarrer die Krippe immer wieder gedeutet. Für ihn war sie „ein Credo – ein Glaubensbekenntnis, eine Kanzel – eine Glaubensverkündigung, ein Altar – eine Glaubensbestätigung".[58]

Dieses theologische Programm hat Freitag ganz einfach in schlichter Mundart auszudrücken vermocht. Es sind Verse, die berühren, weil sie auf den Wesensgrund jeder weihnachtlichen Krippendarstellung weisen: auf das Kind in der Krippe, aus dem uns Gott zulächelt, der uns die Angst nimmt, uns Arme, Schwache im Fleische, uns Zweifelnde, Aufbegehrende barmherzig tröstet: „Fürchtet euch nicht!":

„Wir kumma aus der Matern
und dankn Gott, unserem Herrn:
Er hot uns des Kindla im Krippela gschenkt,
wall er voller Lieb o uns klana Leut a denkt!
Gloria in excelsis Deo!

Wir kumma aus der Matern
trong denna drei König ihrn Stern.
Der leucht a heut nuch vom Himmel hoch
schaut nauf, ihr Leutla, und richt euch danoch!
Gloria in excelsis Deo!

Wir kumma aus der Matern.
Gott soll euch vill Glück nuch beschern:
A frohe Weihnachtn, a gsunds neus Johr!
und etzetla is unser Sprüchla gor!
Gloria in excelsis Deo!"[59]

# Verein Bamberger Krippenfreunde – 60 Jahre kreuz und quer

Am 4. Februar 1917 gründete der schwäbische Pfarrer Alois Burger aus Hochwang zusammen mit dem Kapuzinerpater Odorich Heinz in Günzburg einen „Verein der Bayerischen Krippenfreunde“, der im gleichen Jahr bereits das erste Heft des auch heute noch verlegten „Bayerischen Krippenfreundes“ erscheinen ließ und das den programmatischen Titelaufsatz: „Gebt uns die Krippe wieder“ enthielt.[60] Dieser Aufruf, schon vorher in etlichen Zeitungen erschienen, fand allgemein einen großen Anklang.

In Bamberg wurde die Günzburger Gründung äußerst günstig aufgenommen. In der Nummer 3 des „Bayerischen Krippenfreundes“ finden wir als erstes Bamberger Mitglied einen Magistratsoffizianten namens Max Neukum. Er war mit Pfarrer Burger und Pater Odorich in engen Briefwechsel getreten. In der folgenden Nummer meldeten sich bereits weitere Bamberger Mitglieder: Dekorationsmaler Johann Förstel, Stadtkaplan Dr. Hofmann und Postsekretär Friedrich Konradi. Dekorationsmaler Förstel war es auch, der am 9. November 1919 in der Wirtschaft Hein in der Austraße mit weiteren 15 Krippenfreunden die Ortsgruppe Bamberg ins Leben rief. In der Nummer 12 des „Bayerischen Krippenfreundes“ wird von dieser Gründung der Bamberger Gruppe berichtet.[61]
Im Protokollbuch und der Chronik der Ortsgruppe wird am 23. November 1919 dieser Mitgliederstand festgehalten:

Bosch Heinrich, Stadtpfarrer bei Maria Hilf
Deuerling Sebastian, Apotheker
Eckert Johann Dr., Stadtkaplan bei St. Martin
Eckert Anton, Postverwalter (Schriftführer)
Förstel Anton, Magistratsoffiziant
Förstel Johann, Dekorationsmalermeister (Ortsobmann)
Franziskanerkonvent Bamberg, vertreten durch P. Guardian Cäsar Minges
Heberlein Johann, Stadtpfarrer bei St. Otto
Hönninger Johann, Stadtpfarrer und Geistl. Rat bei St. Martin
Konradi Fritz, Postsekretär (Kassier)
Kuhn Jakob, Stadtkirchner
Maier Alois, Kaufmann
Neukum Max, Magistratsoffiziant
Papst Leonhard, Straßenbahnbuchhalter
Rattler Franz, Geistl. Rat und Stadtpfarrer bei Unserer Lieben Frau
Ulrich Georg, Stadtkaplan bei St. Martin

Die Bamberger Ortsgruppe erlebte bewegte Jahre, nicht nur bedingt durch die lebhaften Zeitläufe, sondern auch durch den Auf- und Abstieg der Mitgliederzahl. 1923 wies die Ortsgruppe bereits 57 Mitglieder auf, ein Jahr später gar schon 76.[62] 1927 war die Zahl allerdings wieder auf 50 Mitglieder gesunken. 1931 stieg die Kurve stark an: auf 101, sank dann aber stetig. Unter den Nationalsozialisten hatten es die Bamberger Krippenfreunde geschickt verstanden, das Vereinsleben – obwohl die religiösen Vereine samt und sonders verboten waren – aufrecht zu erhalten und auch in dieser Zeit, mit Ausnahme der letzten Kriegsjahre, Krippenausstellungen in der Maternkapelle zu veranstalten. Am 1. November 1946 traf man sich, nachdem das Vereinsverbot der Nazis am 4. Juni 1946 durch die Militärregierung aufgehoben worden war, zu einer ersten Versammlung nach dem Kriege im Kolpinghaus. Der genaue Mitgliederstand ist nicht bekannt. Für 1953 verzeichnet die Liste 61 Mitglieder. Die Krippenfreunde gerieten von nun an in einen regelrechten Aufwärtssog: Waren es im Jahr 1956 noch 92 Mitglieder, so konnten 1965 schon 105, 1969 bereits 168, 1970 203 und 1980 immerhin 211 Mitglieder verzeichnet werden.

*Rege Vereinstätigkeit*

Die Ortsgruppe entfaltete nach ihrer Gründung eine rege Vereinstätigkeit. Krippenvorträge, Weihnachtsspiele, gemeinsames Krippenschauen, später Krippenbaulehrkurse und Krippenausstellungen machten die Öffentlichkeit auf das Schaffen und Wirken der Bamberger Krippenfreunde aufmerksam.[63]
„Gebt uns die Weihnachtskrippe wieder!" – zu diesem Vortrag hatte die Ortsgruppe wenige Wochen nach der Konstituierung am 2. Adventssonntag des Jahres 1919 die Bevölkerung von Bamberg in den Heinrichssaal eingeladen. Aus einer Zeitungsnotiz der damaligen Zeit geht hervor, daß der Vortragsabend allenthalben einen schönen Verlauf genommen hatte: „Vereinsmitglied Herr Alois Maier sprach mit viel Verständnis und Wärme über die Geschichte der Krippe, über die Krippe als Glaubens- und Tugendschule, über Krippenkunst. Redners Appell: ‚Gebt uns die Weihnachtskrippe wieder!' richtete sich gegen die moderne, das hl. Christfest vielfach profanierende Zeit, die in den Familien nur Weihnachtsbaum und Weihnachtsmann kennt, die Hauptsache aber, die Weihnachtskrippe ganz vergessen hat. Ein prachtvolles lebendes Bild – hl. Nacht – von den Zöglingen des Antonianums mit Gesang begleitet, beschloß den lehr- und genußreichen Abend." Der Berichterstatter verschwieg allerdings auch nicht, daß der Abend „leider nicht zahlreich genug besucht war". Deswegen richtete er an „Geistlichkeit und Laienwelt die dringende Bitte, die edle Sache der Krippenbaukunst tatkräftig zu unterstützen".[64]
Erstmals veranstaltete die Ortsgruppe für ihre Mitglieder in den Abendstunden des Dreikönigstages 1920 eine gemeinsame Krippenschau, ein Brauch, der in den folgenden Jahren weiter fleißig geübt wurde. In der Chronik ist darüber vermerkt: „Besichtigt wurden die Privatkrippen einiger Mitglieder sowie die Krippen unserer Kirchen in der Reihenfolge St. Jakob, Karmeliten, Oberpfarr, St. Martin. Man erfreute sich nicht nur an dem vielen Schönen dieser Krippen, sondern machte auch da und dort praktische Vorschläge zu Verbesserungen. Namentlich wurde die Frage lebhaft erörtert, welcher Stil bei Krippen wichtiger sei: der orientalische oder der deutsche, eine Frage, die übrigens offengelassen werden muß, da namhafte Sachverständige beide Arten als erlaubt gelten lassen."[65]

Krippe in der Oberen Pfarre in Bamberg. Eine Aufstellung aus dem Jahre 1941

In einer Zeitungsnotiz desselben Jahres empfiehlt sich die Ortsgruppe des Vereins bayerischer Krippenfreunde besonders „zur Beratung und Vermittlung bei Ankauf und Verkauf sowie Renovationen von Krippengut“.[66]
Die Krippenfreunde unterrichten zugleich auch darüber, daß sie beabsichtigen, mit mehreren Veranstaltungen unterhaltender und belehrender Natur an die Öffentlichkeit zu treten. Es wird darauf aufmerksam gemacht, „daß bei genügender Beteiligung auch ein Lehrkurs über Krippenbau stattfinden wird. So mancher unserer jungen Freunde möchte sich vielleicht gerne selbst ein Weihnachtskripplein verfertigen, fürchtet aber Mühen und Kosten. Ihnen kann der Verein bayerischer Krippenfreunde helfen.“[67]
„Eine Großtat des Vereins“ – so der Chronist – stellte die erste unterhaltende Veranstaltung im Dezember 1920 dar: eine Aufführung eines Altdeutschen Weihnachts-Spiels. Unter Leitung des Inspektors des Erzbischöflichen Knabenseminars Ottonia-

nums, Josef Kolb, der kurz zuvor Mitglied der Ortsgruppe geworden war, agierten in den Luitpoldsälen Schüler des Seminars. Es fanden fünf Vorstellungen statt unter Mitwirkung von Militärmusikern und Bamberger Musikfreunden. Der Erfolg war beträchtlich, die Einnahmen entsprechend der Inflationszeit hoch: 11 902 Mark, wovon nach Abzug aller Ausgaben allerdings nur noch ein Viertel übrig blieb.[68] Der dem Krippenverein sehr zugetane Inspektor Kolb wurde später Weihbischof und leitete in schwerer Zeit von 1943 bis 1955 als Erzbischof das Erzbistum Bamberg.

Der 15. Januar 1921 steht im Protokollbuch der Ortsgruppe als „Markstein in der Entstehungsgeschichte" der Bamberger Krippenfreunde verzeichnet. Im Heinrichsheim in der Kleberstraße schlossen sich 15 junge Leute, meist Mittelschüler, zu einer Jugendgruppe zusammen. Die Wahl eines Führers „fiel einstimmig auf den Ältesten und Würdigsten: den Schüler der 8. Klasse des Neuen Gymnasiums, Carl Diener. Die Jungen waren alle mit sichtlicher Liebe bei der Sache",[69] bemerkt der Schriftführer abschließend.

Die Bamberger Krippenfreunde hatten es sich zur Aufgabe gemacht, intensiv für den Krippengedanken zu wirken. Daß dies mit Erfolg geschah, läßt ein Bericht in der Kirchenzeitung, dem St. Heinrichsblatt (1921), erahnen. Hier heißt es u. a.: „Sicher muß es der Ortsgruppe gedankt werden, daß die ganze, längere Jahre in Bamberg eingeschlummerte Freude an der großen poetischen und religiösen Idee der Weihnachtskrippe in weiten Volkskreisen wieder Boden gefunden und auch in der Neuausstellung von Kirchenkrippen (z. B. in St. Gangolf) und Privatkrippen sich ausgewirkt hat."

Die Geschichte der Bamberger Krippenfreunde stellt sich in der Chronik – es sind sieben handgeschriebene Bände – recht harmonisch dar. Ab und zu tauchen natürlich auch Querelen, wie in jedem Vereinsleben, auf. Sie sind aber nur Randerscheinungen. So notiert Schriftführer Anton Eckert über die Versammlung am 8. Januar 1922 bei Schlegel im Sand: „Sehr lebhaft wurde über einen im Bamberger Volksblatt erschienenen Zeitungsartikel disputiert, der die Bamberger Kirchenkrippen einer etwas scharfen Kritik unterzog. Einige Kirchenpfleger fühlten sich dadurch gekränkt. Man grollte dem unbekannten Artikler, den einige in der Person des Vorstandes vermuten. Da es ohnehin schon unter den Mitgliedern wegen verschiedener Unstimmigkeiten gärt, so trat eine Erregung der Gemüter zu Tage, die unter Krippenfreunden peinlich wirkte." Auf der am 22. Januar 1922 stattfindenden Generalversammlung ging ein namentlich nicht näher bezeichnetes Mitglied zum Frontalangriff über. Ein Geistlicher aber erteilte dem „Streithahn in aller Liebe und Güte den Rat, künftig dem Vereine fern zu bleiben. Der so Apostrophierte verließ hierauf die Versammlung, der dadurch weitere peinliche Szenen erspart blieben", heißt es im Protokoll. Und der Schreiber fügt die hoffnungsvolle Andeutung hinzu, daß diese Maßregel wohl genügen möge, um der Ortsgruppe wieder Ruhe und Frieden zu verschaffen, „ohne die eine Vereinigung von Krippenfreunden, die das ‚Et in terra pax hominibus' auf ihre Fahne geschrieben hat, doch wohl kaum bestehen kann".[70]

### *Die erste große Krippenausstellung*

Der Streit war sicherlich bald vergessen. Denn auf die Krippenfreunde kam viel Arbeit zu. Zum ersten Male sollte in Bamberg die Landestagung des „Vereins Bayerischer Krippenfreunde“ stattfinden, verbunden mit einer ersten großen Krippenausstellung in den Luitpoldsälen. Die Ausstellung wurde am 6. Januar, dem Dreikönigstag, 1923 eröffnet: „Der Besuch war bis zum Schluß des Tages ein ununterbrochen guter.“ In der Chronik ist verzeichnet, wer damals ausstellte: „Güthlein im Vorzimmer ganzes Kripplein, Zug der Dreikönige; im Hauptraum links beginnend der Reihe nach: Weber – Umwelt (Handwerkszeug) für Haus Nazareth; Hannbaum – selbstverfertigte Köpfe und Figuren; Förtsch – Marienbrunnen zu Nazareth; Förstel sr. – großes Arrangement Hochzeit zu Kana; Konradi – zwölfjähriger Jesus im Tempel mit starker Betonung des Tempelmilieus; Förstel jr. – ganze größere Krippe mit Haus Nazareth; Bauer (Jugendgruppe) – Brunnen mit Wasserträgerin; Konradi – glänzende Darstellung (Abendmahl und daneben Teil der Kreuzigung), einziger Aussteller einer Fastenkrippe; Preller – der greise Simeon, Darstellung Jesu im Tempel; Maier – Anbetung der Dreikönige in Tonfiguren, selbstverfertigter Stall und natürliche Landschaft; Öckler – originelles, naives Kripplein mit Anbetung der Könige. Die größeren Stücke der Ausstellung waren von Naturgrün hübsch umrahmt und hatten eigene elektrische Beleuchtung. Das Fensterbrett im Vorzimmer zierten kunstvoll geschnitzte Gruppen des Kindermords (Grödener Arbeit) aus der St. Martinskrippe . . . Die ganze Aufmachung der Ausstellung ließ auf Beifall der Besucher hoffen.“[71]

Aus Anlaß der Generalversammlung, es war die sechste, ging am 7. Januar im Heinrichssaal ein Fest-Abend über die Bühne, bei dem Pater Odorich den Fest-Vortrag hielt. „Die Musik des Ottonianums war schneidig. Das Weihnachtsspiel, das Duett Maria und Joseph und das Lebensbild ‚Großvaters Weihnachtskrippe‘ gefielen außergewöhnlich gut . . . die Kassa hielt reichlich Ernte“,[72] so der Chronist. Die Krippenfreunde von auswärts, unter ihnen Pfarrer Burger, besichtigten am nächsten Tag Bamberger Krippen. Bei der Mitgliederversammlung bezifferte Landesobmann Burger die Mitgliederzahl des Gesamtvereins auf 2 000.

*Der Hirt von Bamberg*

Am Dienstag reisten die Gäste wieder ab. Nur Pfarrer Joseph Klassen aus Lichtenborn im Trierischen blieb noch zwei Tage da, um weitere Hauskrippen besichtigen zu können. Sein Besuch schlug sich in seinem „Krippenbüchlein“, das 1924 erschien, nieder. Im Kapitel: „Kreuz und quer durch eine Krippenstadt“ erzählt Klassen von seinen Erlebnissen anno 1923 in der „schönen Stadt“ Bamberg. Er bekennt, daß sich besonders liebe Erinnerungen an eine Krippenwanderung knüpfen, die ihn unter Begleitung zweier liebenswürdiger Bamberger Herren an eine Anzahl prächtiger Haus- und Kirchenkrippen führte: „Bei diesem Rundgang durch die alte Bischofsstadt mußte einem Krippenfreund das Herz im Leibe lachen. Gab’s manche Stiege zu steigen und durch holprige, dunkle Gassen zu streifen, es wollte keine Müdigkeit aufkommen, solcher Schmaus war Augen und Herz bereitet. Ausnehmend gut gefiel es mir, daß die Hauskrippe besonders beim Mittelstand und kleinen Leuten heimisch war und sich recht tief ins Herz der Familie eingebaut hatte. Wie sie alle ihre herzliche Freude an der Krippe hatten, Vater und Mutter und die lieben Kleinen! Es war mir eine Wohltat, die Wahrnehmungen zu machen, daß bei den Bambergern das Krippenbauen kein bloßer Sport und kein müßiges Spiel war, sondern da war

Herz und Seele dabei, da ging wahrer Segen aus fürs ganze Haus. Diese Hauskrippen hielten die Weihnachtsstimmung fest, die in krippenlosen Familien längst verflogen war."[73]

Klassen war beeindruckt, wie die Bamberger an ihren Krippen hingen: „Da hatte ein wackerer Goldschmied beim Pilzesuchen im Sommer einige Baumwurzeln und Strünke entdeckt, die er sich sofort in seinen Rucksack packte in dem Gedanken: Das gibt was Schönes für deine Krippe daheim! Nun zeigte er mir sie, wie sie bei der Ausgestaltung der Landschaft ausgezeichnete Dienste getan hatten, wie sie sich recht einfügten und eine Felspartie von großer Natürlichkeit vortäuschten. ‚Wir haben nicht viel Platz', meinte die Hausfrau. Aber dem Krippele wurde doch sein Teil freigebigst eingeräumt, und in der nächsten Weihnachtszeit soll es trotz der Enge noch etwas weiter ausgebaut werden."[74]

Eine weitere Krippe hatte es Klassen so angetan, daß sein Begleiter ihn fest am Rockzipfel ziehen und zum Aufbruch mahnen mußte, sonst wäre für diesen Tag die Krippenschau am Ende gewesen: Die Krippe „war so hergerichtet, daß sie wie eine stimmungsvolle Hauskapelle auf mich einwirkte",[75] bekennt der Krippenfreund aus dem fernen Trierischen. „Geburtsgrotte und Umgebung waren mit dünnem Tuch überspannt und umrahmt, das nach der Innenseite bemalt war und die Landschaft gleichsam fortsetzte. Die Anbetung der Hirten war mit solcher Liebe dargestellt, daß es den Beschauer anheimeln mußte. Diese Krippe konnte nicht anders als Gebetsstimmung und gute Gedanken wecken."[76]

„Helles Entzücken" empfand Klassen über eine Krippe, die ein Maler farbenprächtig ausgestattet hatte: „Da grüßte im hellen Abendsonnenschein Bethlehem im Hintergrunde, an das sich einige Häuser und Türme anschlossen, so daß durch das Ganze eine wirkungsvolle Landschaft geschaffen war. Sogar ein Brünnlein, von der Wasserleitung gespeist, plätscherte munter zwischen Moos und Felsgestein."[77] In der Geburtshöhle bemerkt er neben der Gottesmutter noch eine Frauensperson, die Maria bei der Arbeit zu helfen schien. „Wer das denn sei?" fragt Klassen. Und der Bamberger Krippenbauer berichtet, daß er bei der Katharina von Emmerich gelesen habe, daß die Muttergottes nicht ohne Hilfe geblieben, daß sich eine gute Seele gefunden habe, die ihr etwas zur Hand gegangen sei. Die Krippenbauer schlügen alsmal öfters die Geschichte der westfälischen Seherin auf, weil in der Schrift für sie die Ereignisse doch zu kurz gefaßt seien. Und Pfarrer Klassen meint, daß dies eigentlich kein übler Gedanke sei: „Indes gingen meine Blicke wieder zur Höhle. Am Eingang stand Sankt Joseph mit einem Hirten zusammen, der auf den herannahenden Zug der drei Könige deutete, der die Höhe hinunter ins Tal gestiegen kam. Ein prächtiges Bild: Überhaupt scheinen die drei Könige sich der besonderen Zuneigung der Bamberger Krippenleute zu erfreuen",[78] stellt Klassen fest und verweist auf die Krippe „eines bescheidenen Fabrikarbeiters und auf die eines biederen Schreinermeisters, wie in beiden Darstellungen der Zug der Könige dem Beschauer ein besonderes Lob abringen mußte". Und weiter: „Alle Zugteilnehmer staken in ihren besten Feiertagsgewändern und woher stammte ihre Gewandung? Die geschickten Hände von Frauen und Mädchen hatten diese zurecht geschneidert. Wenn der Mann oder der Vater die Krippe baute, wollten die Frauen und Töchter auch mittun. Da haben sie Bücher hergenommen, worin sie biblische Begebenheiten farbig dargestellt fanden, und den Malern ihre Farben-

pracht abgeguckt. Und das haben sie wohl verstanden",[79] lobt der Krippenbesucher Klassen, der dann doch schweren Herzens den Heimweg antrat und „aus dieser Welt köstlichen Friedens" auf „die Soldaten, Maschinengewehre und Kanonen unserer Feinde" traf, die ins Ruhrrevier einmarschierten. Kann man sich einen krasseren Gegensatz denken, fragt Klassen und er schließt seine Betrachtung damit, daß er von einem Dorf drunten im Süden berichtet, in dem in früherer Zeit, als die Pest gewütet habe, die Häuser von der Seuche verschont geblieben seien, in denen eine Krippe aufgestellt gewesen sei: „Wie dem auch sein mag, eines ist ganz gewiß, daß die Verbreitung der Hauskrippe, die im rechten Geist erbaut und behandelt wird, bösen und vielen verderblichen Seuchen den Eingang in die Familien verwehrt und verschlossen hält."[80]
Außer Erinnerungen brachte der Lichtenborner Pfarrherr noch etwas mit ins heimatliche Pfarrhaus, eine kleine Attraktion sozusagen: den Hirt von Bamberg, eine bewegliche Krippenfigur. „Die Krone unter den Krippenfiguren", belehrt Klassen in seinem Krippenbüchlein die Leser, „möchte ich den beweglichen zuerteilen. Sie haben mein Herz auf der Krippenwallfahrt in Bamberg für immer gewonnen."[81] Bei diesen Figuren, die mit Stoff- und Tuchresten gekleidet werden, sind die Köpfe, Hände und Füße aus Holz geschnitzt und mit biegsamen, starken Draht verbunden, so daß die Glieder beweglich sind und ihnen die verschiedensten Stellungen gegeben werden können.
Der Hirt von Bamberg wird im „einsamen Bergdörflein" gebührend bewundert und „von allen Seiten mit Lobreden überschüttet. Das unscheinbare Männchen hätte sich das in seiner Heimat nicht träumen lassen", erzählt Klassen, der sogleich eine Höhle baut und aus dem Hirten einen Einsiedler gestaltet. So sitzt der ehrwürdige Alte, in der Hand eine hebräische Schriftrolle haltend, auf einer Steinbank in tiefe Betrachtung versunken. Und manchmal, „wenn die Sonne den graubärtigen Einsiedler und seine Klause gegen Abend verklärt, ist es ein Bild zum Malen schön, das schon bei vielen Besuchern freudiges Staunen weckte". Weihnachten wird, wie der Pfarrer versichert, der Einsiedelmann die Klause verlassen[82] und wieder ein Hirt werden, der dann vielleicht manchmal noch an seine Heimat zurückgedacht haben mag: an Bamberg.

### *„Bamberg Blütenstätte ehrwürdiger Krippenkunst"*

Am 2. Dezember 1928 eröffnete Weihbischof Dr. Adam Senger im Kapitelshaus neben dem Bamberger Dom – heute ist darin das Diözesanmuseum untergebracht – eine Krippenausstellung, die wiederum starken Besuch aus Stadt und Land anlockte. Die Schau zeigte 36 Bilder von der Vertreibung aus dem Paradies bis zur Hochzeit zu Kana, ferner eine Fastenkrippe mit Einzug in Jerusalem, Ölberg, Abendmahl, Kreuzigung und Auferstehung Jesu.
Die Bamberger Krippenfreunde, sicherlich beflügelt vom Erfolg ihrer zwei großen Ausstellungen, gingen 1931 dazu über, von nun an jährlich Krippen der Öffentlichkeit zu zeigen. Sie fanden dazu einen Raum, der auch heute noch für die weihnachtliche Krippenschau genutzt wird: die Maternkapelle. Der Ortsgruppe wurde die Kapelle mietlos und dies auch vertraglich durch den seinerzeitigen Verwalter, Weihbischof Dr. Senger, im November 1930 überlassen.[83]
Noch einmal war Bamberg Mittelpunkt für die Krippler aus nah und fern, bevor die Ungunst der

Zeit, das totalitäre Naziregime und der Krieg, die Bamberger Krippenfreunde zwang, still und bescheiden zu überleben: Am 2. und 3. Dezember 1933 richtete die Ortsgruppe die 15. Generalversammlung des Vereins Bayerischer Krippenfreunde aus, die sich dadurch auszeichnete, daß zum ersten Mal sich die Norddeutschen, Westfälischen Krippenfreunde mit den Bayern zu einem Kartellverband vereint hatten. „In dem Häusergewirre der Bergeshöhe lugt bescheiden das ehrwürdige Maternkirchlein am Fuße der Altenburg aus den bescheidenen Bürgerhäuschen. Zwei Fichtenstämme umrahmten das kleine Portal, das sich Samstag abends gegen 8 Uhr öffnete, um den Krippenfreunden der Bayerlande Einlaß zu gewähren", so beginnt der Bericht über die 15. Mitgliederversammlung, im „Bamberger Volksblatt", am Montag, 4. Dezember, erschienen. Und stolz kündete die Überschrift: „Bamberg, Blütenstätte ehrwürdiger Krippenkunst". Die Krippenausstellung anläßlich dieser Tagung in der Maternkapelle wird denn auch unter diesem Aspekt gesehen, wenn es heißt: „Wonnesam mutete Kaplan Lorentz's Schneekrippe an, man meinte, just in Frankens Gauen wäre das Heil der Welt auf die Erde gestiegen, um in Alt-Bamberg uns Friede und Freude zu bringen und des Dommesners Hofmann Darstellung ‚Krippenbesuch beim Einsiedelmann' läßt ebenfalls das liebe Frankenland als eine Fundgrube köstlichen Krippenschatzes erkennen." Auch der Landesvorsitzende der Krippenfreunde, Prälat Hartig (München), war von den Bambergern angetan: Nirgends habe der Krippengedanke so gute Wurzeln geschlagen wie hier in Bamberg, meinte der Prälat bei seiner Ansprache: „Bamberg könnte sehr vielen anderen Ortsgruppen der Krippenbewegung als Idealbild vorangestellt werden, und trägt seinen guten Teil dazu bei, die Prinzipien des Bundes: Krippenfreude, Krippenliebe und Krippenkunst . . . zu heben und zu pflegen."

Eingebettet in die Tagung war ein „Liturgisches Adventsspiel", verfaßt vom damaligen Obmann der Bamberger Ortsgruppe, Stadtkaplan Alfred Lorentz, das am Sonntag, 3. Dezember 1933, abends 6 Uhr, in der St. Martinskirche aufgeführt wurde. Im „Bamberger Volksblatt" lesen wir darüber: „Die St. Martinskirche im Mittelpunkt der Stadt war so recht der Sammelpunkt aller katholischen Christen, denen die Religion eine wahre Herzenssache geworden ist. Aus allen Vierteln der Stadt waren die Gläubigen zusammengeströmt, die gesamte Geistlichkeit der Martinskirche und eine Anzahl von Alumnen hatten sich freudig in den Dienst der hehren und frommen Sache gestellt und helles Licht in die Nacht gegossen, die stets am Beginne der Adventszeit über der gläubigen Christenwelt liegt. Und Stadtpfarrer Ott hat es sich nicht nehmen lassen, die fruchtbaren Gedanken eines solchen Adventsspieles herauszustellen und mit bekannt gewandter und überzeugender Rednergabe, die immer aus dem gläubigen Gemüt entspringende und nie zu befriedigende Himmelssehnsucht schon in diesem Leben zu erfüllen durch die Gnadenmittel der heiligen Kirche . . ."

„Wie schauten die dramatisch bewegten Gestalten der herrlichen Barockkirche mit sinnendem Staunen auf, als auf einmal das Gold und Weiß, das Silber und das bunte Vielerlei kostbarer Blumengewinde aufglänzte, Tannen und Fichten hinter den Schäften kunstvoller Säulen hervorwuchsen, eine richtige morgenländische Landschaft mit Palmen hinter blauem Vorhang erschien und aus der Höhe harmonische Orgelklänge in leise zitternden Akkorden erklangen. Inzwischen waren die Geistlichen in sinnigem Halbrund um den Hauptaltar angeordnet,

„Schneekrippe" von Alfred Lorentz. Sie gefiel schon den Besuchern der Krippenschau im Jahre 1933

ergänzt durch Lichtträger und Chorknaben. Da ertönte wie ein sehnsuchtsvolles Rufen das ergreifende Lied ‚Tauet Himmel, den Gerechten'. Introitus und Epistel klärten das Volk über den Sinn der Feier auf. Die ganze freie Mystik des gregorianischen Chorals kam im Graduale und Offertorium zum Ausdruck . . . Dazu kam der heilige Reigen der Priesterschar, der sich um die plötzlich geheimnisvoll aufglühende mystische Rose vor dem Hauptaltar bewegte und sich in frommer Wallfahrt zur Krippe bewegte . . . Eine machtvolle Zusammenfassung als siegesgewisse Vorwegnahme freudvoller Erfüllung bildete der Chorgesang der Gemeinde ‚Tauet Himmel, den Gerechten' in der vierten Strophe: ‚Ja, er kommt in Menschenhülle'. Das Licht ward angezündet im Herzen und in der sehnenden Seele, als wir wieder hinauszogen in die Adventsnacht, die wie im heiligen Nachglanz den Mond hervorgezaubert hatte, freilich auch eine klirrende Kälte. Rechte, echte Weihnachtsstimmung!"[84]

In der Maternkapelle zeigten die Bamberger 30 Krippen. Sie lieferten, wie der Schriftleiter des Verbandes berichtete, den Beweis, „daß hier nicht eingelernte Krippenkunst vertreten wurde, sondern volksverwurzelte, bodenständige Krippenliebe heimisch ist". Einen trefflichen Einblick – wie ich meine – in die Bamberger Krippenbaukunst der Zeit vor dem Zweiten Weltkrieg gewährt ein Beitrag im „Bamberger Tagblatt" über die oben erwähnte Ausstellung, der hier in voller Länge folgt:

Schon beim Eintritt in das liebe Maternkirchlein umfängt den Besucher in diesem Krippentempel eine trauliche Stimmung. Dompfarrmesner Ambros Hofmann zeigt „Krippenbesuch beim Einsiedler". Unter dem kreuzbekrönten vorgestellten Portale der Einsiedlerklause steht der greise Eremit mit Pilgerstab und brauner Kutte. Weit geöffnet ist das spitzbogige Tor des Kirchleins, aus dem helles Licht strömt. Neben dem Kapellenhügel hat Einsiedelmann ein gar kleines, aber feines Kripplein gebaut, das sich des Besuches aus weitem Umkreis erfreut. Außer der Felsenpartie, in welche das Weihnachtsmysterium hineingestellt ist, fügt sich auch eine altersgraue Mauer gut in das Gesamtbild ein. Daneben hat St. Martin die „Taufe Jesu am Jordan" aufgestellt. Dolomitenfelsen gleich heben sich die Baumrinden lebensvoll dekorierend aus der Wacholderbaumanlage und der Jordan fließt durch die Gegend. Eine schönere Umrahmung hätte für diese Täufergruppe nicht geschaffen werden können.

Mit viel Liebe zur Sache sind die orientalischen Darstellungen „Christi Geburt" ausgeführt. Ihre Besitzer sind: Wwe. Neukum, Oppelt, Dörrzapf, Klee, Huscher. Und etwas ganz feines, überragend schönes zeigt Kaplan Lorentz in seiner „Schneekrippe". Winterpracht legt sich über das ganze Landschaftsbild. Im Firnenglanz leuchten die Bergkuppen. Ein hübscher Fachwerkbau birgt die Geburtsszene. Laternentragende Hirten eilen zum kleinen Gottessohne. Sämtliche Figuren sind der Bachlechnerkrippe nachgeahmt und entstammen der Kunstwerkstätte Bauer's (Hölle 17). Aber auch in den Beleuchtungseffekten hat der Aussteller wirklich das beste geboten. Alles in allem, die Schneekrippe ist ein bewunderungswürdiges Zierstück der Ausstellung und wohl kein Beschauer kann sich des tiefen Eindruckes erwehren, den jene, für das deutsche Gemüt geschaffene, Krippe verleiht. Auch der Altmeister religiöser Gestaltungskunst, Albrecht Dürer, kommt zur Geltung in der „Geburt Christi", die Benefiziat Köhler sein eigen nennt. Echt Tiroler Arbeit, nach Mitte des 19. Jahrhunderts, zeigt sich im „Kindermord" (St. Martin). Schmerz und Weh klagender Mütter, brutale Mordgier herodianischer Söldner spiegelt sich in den figürlichen Aufmachungen. Ein sinniges Beispiel von Gruppenstellungen zeigt eine Figurenauswahl (Unsere Lb. Frau), in die ein herziges Jesukindlein, das Bauer (Hölle 17) nach dem Original in der Geburtsgrotte zu Bethlehem anfertigte, hineingebettet ist. Im Sakristeibau hat derselbe Meister ebenfalls verschiedene Kunstwerke ausgestellt. Ferner bezaubert das Auge die niedliche Tiroler Dreikönigsgruppe. Von Bauer jun. ist eine krippennahe Holzplastik (Maria neigt sich dem Kindlein in der Krippe zu, umgeben von einer Stallruine) zur Schau gebracht. Für auf dem Gebiete gediegenen Krippenbaues verbürgende Firmen, wie Matth. Metzner und Magnus Klee, sind ebenfalls vertreten. Im Langhaus hat Kaplan Lorentz eine weitere Probe seines krippenkünstlerischen Könnens gezeigt. Es erhebt sich ein einstöckiges, schindelgedecktes, kleinbürgerlich-bäuerliches Wohnhaus, das wir nach Tirol, aber mit Fug und Recht – und da bestimmt noch besser – in fränkische Gebiete hineinstellen können. Wie sehr hier – das darf bei deutschen Krippen nicht vergessen werden – auf volkstümliches Empfinden Wert gelegt ist, bezeugen idyllische Kleinigkeiten. Man beachte z. B. den typischen Bamberger Gärtnersschubkarren. Hannbaum zeigt in fleißiger Gestaltung „Christi Beschneidung" (orientalisch). Die Huldigung der hl. drei Könige vor dem kleinen Weltenkönig versteht Dachdeckermeister Schrüfer, Ob. Kaulberg, gut zu charakterisieren (orientalisch). Auch Preller darf nicht unerwähnt bleiben. Seine Krippe (Drei Könige) zeigt eine originelle Idee. Einer der Könige ist als aus China stammend dargestellt. Sein Diener beschattet ihn mit einem chinesischen Sonnenschirm, die Tragsänfte ruht am Fuße des Hügels, auf dem sich der Geburtsstall erhebt. Philipp's „Flucht nach Aegypten" verdient neben zierlicher Figurenstellung, durch die einfache, aber trotzdem wirkungsvolle Landschaftspartie Anerkennung. Nochmals fränkischer Fachwerkbau, mittelalterliche Stadttorbogen, dazu der weißrote Grenzpfahl, sind in Kaplan Dr. Buck's „Haus Nazareth" passend verwertet. Andreas Förtsch, als Krippenbauer wohlbekannt, zeigt ergreifend schön den „Kindermord" und gerne verweilen wir bei „Jesus im Hause Nazareth", das Andr. Hofmann voll sprudelnder Lebendigkeit und Natürlichkeit aufgemacht hat. Die überaus putzige Anlage der Zimmermannswerkstatt, in der Blöcher, Hobel und Schnitzbank, Sägen und Schleifstein, alles im Größenausmaß trefflich zu den Figuren passend, fachmännisch zusammen- und aufgestellt sind, beleben die Szene, während am Hause, vor dem Maria arbeitend sitzt, ein Englein den Blumengarten gießt. St. Heinrich schließt ab. Die Krippenfeier des hl. Franz in Creccio im Rietitale ist in italienisch gedachte Landschaft hineinversetzt. Ein Priester hält, von kleinen rot-weiß berockten Ministranten die Mitternachtsmesse, während links davon St. Franziskus predigend steht. Über dem Altartisch ist das traute hochheilige Paar, anbetend auf das neugeborene Heil der Welt schauend, in einer Felsenhöhle untergebracht. Und was das Wertvollste ist: Alles was sich dem Besucher auftut, ist ein Werk selbstloser Krippenbegeisterung, um Bambergs Bürgern, der Jugend und dem Volke des Umlandes eine vorweihnachtliche Freude zu bereiten. Gottesdienst in plastischer Gestaltung ist die Idealauffassung der heurigen Krippenschau. Mögen noch recht viele diese Schönheiten in sich aufnehmen. Das wäre der Krippenbauer bester Lohn.[85]

*Dunkle Zeitläufte*

Der erste Obmann der Bamberger Ortsgruppe, Johann Förstl, war ein Förderer der orientalischen Krippe. Ihm folgte 1927 Oberpostassistent Anselm Schmitt, der – wie es in der Chronik festgehalten ist – „durch sein Organisationstalent den Ortsverein aufwärts führte und viele Mitglieder zuführte". In der gleichen Generalversammlung war der Hausmeister Andreas Förtsch zum 2. Vorstand gewählt worden. Förtsch begleitete dieses Amt bis zu seinem Tode im Jahre 1955. Für die Bamberger Krippenbewegung hat sich dieser Mann zweifelsohne große Verdienste erworben. Nach dem Urteil des Krippenpfarrers

Johann Freitag war er „einer der selbstlosesten, unermüdlich eifrigen Krippenbauer“.[86] Von 1933 bis 1937 leitete Kurat Alfred Lorentz die Geschicke des Ortsvereins. Mit „unermüdlicher Schaffenskraft“ brachte er „die Krippenbewegung in Blüte“.[87] Lorentz, zunächst Kaplan der Pfarrei St. Martin in Bamberg, die ja eine reiche Krippentradition aufweisen kann, dann Kurat in Reichmannsdorf, war, von den Krippenfreunden beklagt, allzu früh vom Tod mitten aus „rastlosem Wirken“ herausgerissen worden. Zum Tode des überaus beliebten Seelsorgers hieß es in einer Zeitungsnotiz: „In der Pfingstwoche hatte Kuratus Lorentz für seine Gemeinde noch eine Volksmission durch Salesianerpatres aus Bamberg abhalten lassen. Als der Missionar am Sonntag abend die Schlußpredigt halten wollte, erlitt Kuratus Lorentz in der Sakristei einen Hirnschlag und brach zusammen. Mit brechender Stimme konnte er noch den Missionar auffordern, sich nicht um ihn zu kümmern und die Predigt zu halten. Man erteilte ihm aber noch die letzte Ölung. Dann zog die Gemeinde in feierlicher Schlußprozession durch den Ort. Und während die Gläubigen wieder das Gotteshaus füllten und nach dem päpstlichen Segen eben das Tedeum gesungen wurde, verschied der pflichttreue Priester im Schatten seiner Kirche, auf grünem Rasen, neben der Sakristei, wohin man ihn rasch gebettet hatte, im 37. Jahre seines Lebens.“[88]

Nach seinem Tod übernahm sein Freund, Studienrat Dr. Eugen Buck, die Führung des Ortsvereines bis 1942, von diesem Jahr bis 1946 Stadtkaplan Max Groll. Unter ihnen verstand es vor allem der nimmermüde 2. Vorstand Andreas Förtsch, die Bamberger Krippenfreunde zusammenzuhalten. Auch während der Kriegszeit traf man sich in kleinem Kreis. Bescheiden gedachten die Krippenfreunde in einer Zusammenkunft am 9. November 1944 im Gesellenhaus des 25jährigen Jubiläums des Vereins. Dabei gelangte ein Schreiben des Schriftführers des Gesamtvereines, Studienrat Rudolf Hertinger (Amberg), zur Kenntnis, „das mit Beifall aufgenommen wurde“. Hertinger erinnert an den Ehrentag des 25jährigen Bestehens. Er schreibt: „Fiele dieser Tag nicht in so dunkle Zeitläufe, so würden sich . . . wohl Vertreter aus allen bayerischen Krippengauen und darüber hinaus in Bamberg treffen und wie einst in der Maternkapelle die beredten Zeugen gepflegter Krippenkunst freudig bewundern und dann sich in krippenseliger Runde mit dem Jubilarverein der berechtigten Freude hingeben.“ Hertinger bedauert, daß dies nicht zustande kommen kann: „Angesichts des tausendfältigen Todes, der nicht nur draußen an den Fronten, sondern auch überall in den Heimatgauen wütet, haben wir unsere Not, in unserer leidbeschwerten Seele das Krippenlichtlein für den nahe bevorstehenden Advent zu entzünden.“ Hertinger sinniert weiter: „Und doch dürfen wir in einer Idee, die – wie unsere Krippenkunst – ausschließlich dem Ewigen dient, uns nicht nur vom Gesicht von Monaten und Jahren leiten lassen, sondern müssen unseren Blick in die Weite führen und uns fragen: Sind unsere Krippenideale noch die alten und haben sie heute noch ein Recht? Und wenn wir diese Fragen mit einem ehrlichen Ja beantworten können, dann dürfen wir uns, trotz der Not der Zeit, auch über das in langen und nicht immer schönen Jahren eines Vierteljahrhunderts Erreichte freuen und mit Vertrauen auf das göttliche Kind in der Krippe, dem wir dienen, in die Zukunft schauen.“

Eine Nikolausfeier am 14. Dezember 1944, ebenfalls im Gesellenhaus, war die letzte Zusammenkunft. Andreas Förtsch protokollierte sie und schloß: „Nun wollen wir Weihnachten feiern, und an der Krippe wieder Kraft beim Kindlein holen."

Den Gläubigen blieb zuletzt nur dieser Trost. Am Palmsonntag 1937 bereits war die Katastrophe, die Deutschland grausam heimsuchen sollte, in aller Deutlichkeit vorausgesagt worden. An diesem Tag war von den Kanzeln der katholischen Kirchen die päpstliche Enzyklika „Mit brennender Sorge" verlesen, war der „Wahnprophet" Adolf Hitler schonungslos entlarvt worden: „Wer in sakrilegischer Verkennung der zwischen Gott und Geschöpf, zwischen dem Gottmenschen und den Menschenkindern klaffenden Wesensunterschiede irgendeinen Sterblichen und wäre es der Größte aller Zeiten, neben Christus zu stellen wagt, oder gar über ihn und gegen ihn, der muß sich sagen lassen, daß er ein Wahnprophet ist",[90] so hörten es die Gläubigen damals von den Kanzeln, auch in Bamberg. Zu ändern indes vermochten sie nichts mehr. Der Wahnprophet triumphierte. Aber die Götterdämmerung ließ nicht lange auf sich warten. Und die verdunkelte nicht nur das damalige Deutschland.

*Neuer Beginn*

Nach dem Zusammenbruch wurde 1945 der Gesamtverein mit all seinen Ortsgruppen aufgelöst. Im Juni 1946 hob die Militärregierung dieses Verbot wieder auf. Über den Wiederanfang in Bamberg schreibt Krippenpfarrer Freitag: „Wiederum war es unser getreuer Förtsch, der unter Führung des Studienpräfekten Kehrbach (1946/47) die alten Getreuen zusammenführte. Nach mehrmaligem Vorstandswechsel (Dr. Buck 1948/49 – Malermeister Hofmann 1949/51) wurde am 10. 10. 1951 Pfarrer Georg Jung aus Wattendorf zum 1. Vorstand gewählt, dem es mit großer Tatkraft gelang, die Ortsgruppe auf ihren Vorkriegsstand zu bringen. Zunächst mußte die während des Krieges anderweitig verwendete Maternkapelle wieder hergerichtet werden für die alljährlichen Krippenausstellungen. So gut gelang es ihm mit der opfervollen, nimmermüden Mitarbeit einzelner Mitglieder, daß er den Gesamtverein für die 24. Landestagung auf den 9./10. Oktober 1954 einladen konnte."[91]

Die Maternkapelle bildete am Samstag, 9. Oktober, den Sammelpunkt der Krippenfreunde. Was dort die Bamberger in monatelanger, hingebender Arbeit schufen, wurde gebührend bewundert. Meisterhaft hatte Pfarrer Jung mit den Seinen „eine Schau fast ohne Fehl und Tadel"[92] aufgebaut. Landesvorsitzender Pfarrer Johann Freitag (Nürnberg) eröffnete die Ausstellung und hielt auch beim Festabend im Kolpinghaus die Festansprache. Er bezeichnete die Krippenfreunde als jene Bruderschaft, die sich mit ihrem Herzblut der Darstellung der Menschwerdung Christi verschrieben hätte; heilige Geschichte wollten die Krippen zeigen. Vehement wehrte sich Freitag gegen Kitsch, Schund und jeglichen Mißbrauch. Ein „besonderes Erlebnis" für die Krippenbauer aus nah und fern war die Aufführung des preisgekrönten, vom 2. Landesvorsitzenden Döderlein geschaffenen Kurzfilm „Stern von Bethlehem", in dessen Mittelpunkt die berühmten neapolitanischen Krippenfiguren aus dem Bayerischen Nationalmuseum standen. Erzbischof Dr. Josef Otto Kolb, seit 30 Jahren dem Ortsverband verbunden, war gekommen und hatte anerkennende Worte für die Krippenfreunde gefunden.[93]

Die Krippenschau erfreute sich, wie der „Fränkische Tag" seinen Lesern mitzuteilen wußte, eines regen

Besuches: „Besonders die Jugend kommt sehr eifrig, um sich Anregung zu holen, wenn sie in den kommenden Winterabenden darangeht, selber eine Krippe zu fertigen. – Die Krippenschau ist aber auch diesmal ganz besonders groß und vielgestaltig, sie bringt gleichsam für jeden etwas, von der einfachen bescheidenen Krippe bis zur hochkünstlerischen. Es gibt zu sehen die orientalische und die deutsch-fränkische Heimatkrippe, die offene Landschaftskrippe und die Raumkrippe, die Moos-, aber auch die Schneekrippe. Ein Besuch lohnt sich wirklich und ist sehr zu empfehlen.“[94]

Nach dem Wegzug von Pfarrer Jung auf eine andere Pfarrei im April 1963 übernahm der bisherige 2. Vorsitzende Jakob Gerner die Leitung der Ortsgruppe. „Mit Feuereifer und Zähigkeit steigerte er die Mitgliederzahl . . ., er machte 1966 den ‚Verein der Bamberger Krippenfreunde‘ zu einem selbständigen Verein e. V., angeschlossen den Bayerischen Krippenfreunden. Seit 1963 wurde die Maternkapelle immer besser ausgestaltet: eigenes Vereinszimmer mit Bibliothek, neue Ausstellungskojen, Vitrinen, Vitrinentische, Lautsprecheranlage. Kein Wunder, daß in der Weihnachtszeit weit mehr als 10000 Besucher zur alljährlichen Weihnachtsschau der Bamberger Krippen (auf einer Ausstellungsfläche von ca. 150 qm) kommen.“[95]

Die Bamberger Krippenfreunde sind, was die Mitgliederzahl im Verein betrifft, eher eine kleine Schar. Wer sich aber von diesen Mitgliedern der Krippenarbeit widmet, der tut dies aus tiefer innerer Überzeugung, voller Liebe und voller Einsatz. Als erklärtes Ziel des Vereins bezeichnete Jakob Gerner, seit 1963 1. Vorsitzender, schon frühzeitig: die Wiedererweckung und der pflegliche Ausbau des alten deutschen Krippenbrauches, der doch eine hohe, religiöse, erzieherisch und eine künstlerische und volkskundliche Bedeutung hat.

*Öffentliche Krippe auf dem Schönleinsplatz*

Dementsprechend hatte sich der Verein in den Jahren 1960 bis 1962 für eine öffentliche Krippe auf dem Schönleinsplatz eingesetzt. Dort auf dem Schönleinsplatz, mitten in der Stadt, stand in den Jahren nach dem Zweiten Weltkrieg ein Hexenhaus mit Hänsel und Gretel. In den fünfziger Jahren waren Schaufensterpuppen in diesem Hexenhäuschen zu einer Krippendarstellung zusammengefügt, die dürftig anzusehen war. Leserbriefe in den beiden Bamberger Zeitungen forderten eine bessere und würdigere Gestaltung. Der Krippenverein nahm sich dieses Anliegens an. Verhandlungen mit der Stadt hatten Erfolg. In der Krippenschau 1962/63 in der Maternkapelle war ein von Krippenfreund und Krippenbauer Anton Kuhn gefertigtes Modell zu sehen. Eine Befragung, die dabei durchgeführt wurde, ergab, daß 87 Prozent aller Befragten eine Krippe in der Stadt wünschten und 81 Prozent sich für das gezeigte Modell aussprachen.[96]

Im Advent 1963 stand dann die Krippe von beachtlichen Ausmaßen: sechs Meter Länge, drei Meter Breite und vier Meter Höhe. Die Figuren schnitzte der Bamberger akademische Bildhauer Hermann Leitherer. „Am 8. Dezember konnten Bambergs Einwohner eine wohlgelungene Verkündigungsdarstellung bewundern. Für den Heiligen Abend wurde die Geburt aufgestellt: Maria, Josef, das Kind in der Krippe, ein Hirte und ein Schaf. Bald plante der Krippenverein einen weiteren Ausbau der Schönleinsplatzkrippe. 1969 konnte der erste Vorsitzende Jakob Gerner, durch die Hilfe spendenfreudi-



Die öffentliche Krippe auf dem Schönleinsplatz in Bamberg. ▸
Die Figuren hat Hermann Leitherer geschaffen

ger Bamberger, der Stadt . . . zwei neue Darstellungen übergeben: Die Herbergssuche und die Anbetung der Drei Könige."[97]

*Bemerkenswerte Ausstellungen*

1966 fand in Bamberg der 81. Deutsche Katholikentag statt. Aus diesem Anlaß bauten die Krippenfreunde eine Ausstellung: „300 Jahre Krippen in Franken" auf, die allseits guten Zuspruch fand. Die Schau war in der Maternkapelle vom 9. bis 17. Juli 1966 zu sehen und umfaßte ein Krippengut, bestehend aus Krippen, Einzelfiguren, Plastiken, Literatur, Großfotos und Farbdias.

Eine Krippenstadt war nach dem Urteil von M. Gudula Bonell Bamberg vom 8. November 1969 bis 11. Januar 1970.[98] In dieser Zeit war nämlich die Ausstellung zum 50jährigen Jubiläum der „Bamberger Krippenfreunde" in der Neuen Residenz aufgebaut. Es war eine fast gigantische Schau: Der Ausstellungskatalog verzeichnete 153 Ausstellungsobjekte von der größten elf Meter langen Krippenszene der Hochzeit von Kana bis zur Miniaturkrippe in der Nußschale. „Sie gingen eilends hin . . ." nannte sich die Themakrippe. Über 20000 Besucher wurden denn dann auch gezählt.

Über die Ausstellung schreibt Gudula Bonell: „. . . anziehend wirken die Krippendarstellungen mit Bamberger und fränkischen Motiven, der Stadt und des fränkischen Umlandes wie etwa ‚Weihnacht im Jungkindshof', ‚Weihnacht auf der Altenburg' (beide von Pfarrer Freitag) oder ‚Heilige Nacht', einmal mit dem Motiv des Madlershofes und einmal mit dem Motiv der Alten Hofhaltung (Ernst Böhnlein und Jakob Gerner), ferner die ‚Fränkische Bauernweihnacht' und die ‚Fränkische Bauernkrippe' (beide Michael Geßner). Mit besonders viel Geschick ist in zwei Krippen die Verkündigung des Engels an Maria hereingeholt in die fränkische Bauernstube (A. Kirchner und W. Hamatschek). In einer anderen Darstellung flieht die heilige Familie im Gewand armer Jurabauern über die tiefverschneiten Jurahöhen (Josef Kühnlein) . . . Verhältnismäßig zahlreich vertreten waren auch die Darstellungen, deren Geschehenskern weit über die Geburt und Kindheit Jesu hinausgreift, so z. B. Darstellungen wie ‚Der barmherzige Samaritan', ‚Der gute Hirte', ‚Die Hochzeit zu Kana', ‚Christus und die Samariterin', 'Das letzte Abendmahl', ‚Die Fußwaschung', ‚Der Kreuzweg', ‚Die Kreuzigung', ‚Das heilige Grab' und ‚Die Auferstehung' . . . Besondere Raritäten waren Papierkrippen aus der Tschechoslowakei, Hirten aus Spanien, eine schlesische Bergkrippe, eine Tölzer Trachtenkrippe, eine sizilianische Krippe und volkstümliche Krippenfiguren in Trachten aus Marseille und der Provence. Ein besonderes Schmuckstück war eine zierliche Rokokokrippe aus Franken um 1750. Die Ausstellung zeigte auch Holzreliefs und Hinterglasmalereien, Medaillons und Metallplatten, die Bamberger Apokalypse und andere wertvolle Leihgaben der Staatsbibliothek Bamberg, des Historischen Museums der Stadt, des Nationalmuseums München, des Stadtmuseums Geroldshofen und Bamberger Pfarreien."[99] Krippenpfarrer Freitag bezeichnete diese Schau als die schönste, die jemals außerhalb von München gezeigt wurde.[100]

Mit den Tiroler Krippenfreunden bestehen enge Verbindungen. Dokumentiert wurde dies der Öffentlichkeit 1975 durch die Ausstellung „Alpenländische – Fränkische Krippen" in der Matern, die reges Interesse fand: 17440 Besucher kamen.

*Eine einmalige Einrichtung*

Ein Höhepunkt in der Vereinsgeschichte war wohl 1977 die Verwirklichung einer Krippenbauschule, auf die Vorsitzender Jakob Gerner unermüdlich hinwirkte und deren Leitung er auch innehat. Das durch die Satzung vorgeschriebene Ziel, wieder mehr Menschen an die Krippe zu führen, soll durch Kurse in der Krippenbauschule für Nichtmitglieder ein Stückchen mehr verwirklicht werden. Die Bamberger Krippenbauschule ist in ihrer Art in der Bundesrepublik sicherlich einmalig: Hier kann jedermann gegen geringes Entgelt unter fachmännischer Anleitung Krippen bauen. Der Erfolg dieser Krippenbauschule kann auch als einmalig bezeichnet werden: die angebotenen Kurse sind immer ausgebucht. Der „Bayerische Krippenfreund" stellte nach einem Besuch fest: „Bamberg kann mit seiner Krippenbauschule jedem Ortsverein wertvolle Anregung bieten. Es geht nicht um die Frage der Nachahmung, dies wäre vielerorts nicht möglich, auch ist die Struktur der Ortsvereine zu unterschiedlich, als daß alles übernommen werden könnte. Aber mit offenen Augen betrachtet, kann die Bamberger Krippenbauschule eine Fundgrube für jeden Interessenten sein."[101]

Erstmals wurden die Kurse 1977 abgehalten. Jährlich sind es vier bis fünf Kurse. In zehn Abenden zu je drei Stunden – je zwei pro Woche – erstellen die acht bis zwölf Teilnehmer ihren Krippenstall mit zugehöriger Landschaft. Innerhalb des Krippenbaues unterliegen die Teilnehmer keinen stilistischen Festlegungen; man kann heimatlich, ortsgebunden, orientalisch nach Belieben bauen. Wobei feststellbar ist, daß anfangs vorwiegend Tiroler Krippen verfertigt wurden. Heute geht der Trend eindeutig auf Heimatkrippen. Eine Aufklärung an Hand entsprechenden Anschauungsmaterials zu Kursbeginn gibt Orientierungshilfen. Es ist eine vergleichsweise massive, haltbare Bauweise erwünscht; Mauerwerk wird im Kern aus Spanplatten hergestellt, besondere Hingabe verwendet man auf Holzarchitekturen der einzelnen Bauwerke.[102]

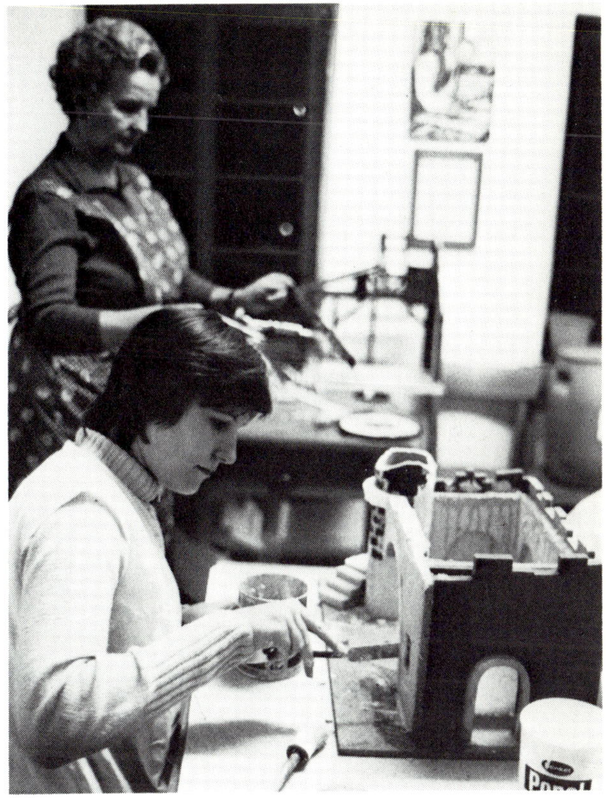

Beim Werken in der Krippenbauschule

Das Angebot, vom Kursleiter der Krippenbauschule, Franz Döppmann, auf eine kurze Formel gebracht, sieht so aus: Zum Beginn des Kurses geht es zunächst

Herbergssuche. Bauten und Gestaltung: Florian Hofmann, Neuensee. Figuren: Max Huscher

darum, welche Figuren der einzelne Kursteilnehmer hat, denn entsprechend der Größe und Art muß die Krippe gebaut werden. Den Kursteilnehmern wird gezeigt, wie die Aufrisse für die Bauten gemacht werden, deren Bearbeitung und der Zusammenbau; dann die Anfertigung der Verputzmasse für Bauten und Gelände. Das Fassen der Krippe, das Anfertigen von Schindeln und Ziegeln ist ebenso im Lehrprogramm enthalten wie das Präparieren von Pflanzen und das Herstellen von Krippenzubehör.

Die Krippenkursleiter haben die Tiroler Krippenbauschule besucht. Sie besitzen das Krippenbaumeister- oder das Kursleiterzertifikat aus Tirol, weshalb wohl dessen Einfluß als Vorbild für die Bamberger Einrichtung besonders deutlich wird.

Der „Bayerische Krippenfreund" kommt zu dem Urteil: „Bamberg erfüllt den Auftrag der Krippenpflege mit seiner Schule an einer Stelle, wo dies derzeit besonders breitenwirksam geschehen kann . . . Die positiven Auswirkungen für das Vereinsleben sind unübersehbar: Sprunghaft ansteigende Mitgliederzahlen, und zwar, wie man annehmen darf, aktiv gestaltende Mitglieder; dadurch wieder ein zusätzliches Potential an Ausstellern für die alljährliche Ausstellung in der Maternkapelle, die ihrerseits wieder Interessenten für die Kurse wirbt . . . Gesichtspunkte, auf die man in Bamberg zu Recht stolz ist."[103]

*Als ich in die Krippenbauschule ging*

Zugegeben, ich habe mich hinreißen lassen. Das kannst du auch machen, habe ich mir gesagt, als ich die kunstvollen Krippenaufbauten in der alljährlichen Krippenausstellung des Vereins Bamberger Krippenfreunde in der Maternkapelle mit meiner älteren Tochter Christine immer und immer wieder betrachtete. Diese fränkische Herbergsuche, dieser Krippenstall im alpenländischen Stil oder dieser orientalische Palast: Das wäre doch was für unser Weihnachtszimmer! Und zudem, sagte ich mir, betreibt der Verein eine Krippenbauschule, von der schon allerhand Lobendes in den Zeitungen gestanden war. Die weihnachtliche Stimmung, die sich angesichts dieser Krippen fest ins Herz eingenistet und es weich gestimmt hatte, tat noch ein übriges: Ich trug mich kurz entschlossen für einen der nächsten Kurse in der Krippenbauschule ein.

Weihnachten ging vorüber, es wurde Frühling, Ostern und dann war Sommer: Zeit genug, um zu vergessen, daß man sich in der Krippenbauschule angemeldet, daß man eine unwahrscheinlich schöne Krippe hatte bauen wollen. Bis auf einmal, sozusagen aus heiterem Himmel, die „Einberufung" erfolgte. Der Überschwang des Gefühls, den man in der Maternkapelle noch hatte, war freilich dahin. Sollte man überhaupt in die Krippenschule gehen? Und wenn du heuer wieder in der Maternkapelle stehst, und die Krippen mit runden Augen anschaust, und deine Tochter dich fragt, warum du keine so schöne Krippe gebastelt hast – was dann?

Also habe ich mich aufgemacht, tapfer wie ein Vater nun einmal ist. Daß ich mitgemacht habe, hat sich, um es vorweg zu sagen, gelohnt. Heute bin ich stolzer Besitzer einer Krippe nach einem Bamberger Altstadtmotiv, um die mich meine Verwandten und Bekannten heiß beneiden.

Doch bevor es soweit war: Da mußte noch mancher Tropfen Schweiß rinnen, mußte gelernt, genagelt, gehämmert, geleimt, gesägt, angestrichen werden. Zweimal in der Woche bin ich in die Augustenstraße 2a marschiert, in die ehemalige Kutscherwohnung hinauf, wo die Krippenschule untergebracht ist. Und das Werk gedieh.

Meine Tochter Christine nahm leidenschaftlich Anteil: Bis auf die Einzelheiten mußte ich ihr Bericht erstatten. Daß der Rohbau stehe, daß bereits das

Die Hl. Drei Könige huldigen dem göttlichen Kind. Franz Döppmann hat diese Szene in einem Domherrenhof aufgebaut

Fachwerk einmontiert sei, daß ich diesmal die Fenster hineingearbeitet habe, daß ich jetzt das Haus verputze, daß ich dann eine Mauer hochziehen und einen kleinen Garten anlegen werde. Auch wie ich das angestellt hätte, wollte sie genau wissen. Ich habe

Heilige Nacht in Franken. Bauten, Gestaltung, Figuren: Josef Kühnlein, Memmelsdorf

ihr alle Werkgeheimnisse verraten. Worauf sie sich ans Werk machte und eine Krippe bastelte. Im großen Stil natürlich. Das Haus wuchs. Das vom Vater natürlich. Was Wunder, der ging ja auch in die Krippenbauschule!
Und dann kam der Tag, wo die Krippe fertig war. Kaum zu fassen, daß ich dies selbst gemacht habe! Zugegeben, ohne Krippenbauschule wäre das Werk nicht gelungen. Hier habe ich wertvolle Anregungen erhalten, von denen ich noch werde zehren müssen. Denn ich bin sicher, daß ich bald wieder eine Krippe bauen muß. Christine hat den brennenden Wunsch geäußert, in ihrem Zimmer zu Weihnachten auch eine eigene Krippe zu haben. Und dann ist da meine Jüngste, Susanne, die zwar noch sehr klein ist – aber die Zeit vergeht ja wie im Flug und ihren diesbezüglichen Wunsch kenne ich heute schon.
Zugegeben, das Basteln und Werken hat mir Spaß gemacht. Ich bin froh, daß ich das Angebot der Bamberger Krippenfreunde angenommen habe. Doch nicht nur das bleibt: Ich habe auch wieder mehr nachgedacht über das Geschehen, für das ich mit meinen Händen einen äußeren Rahmen schuf: daß Christus eine Heimstatt bei uns Menschen braucht und daß da Licht ist und Kraft und Geborgenheit in einer wirren Zeit.
Und ich glaube, daß auch dies meine Kinder begreifen, wenn wir vor „unserer“ Krippe stehen.

*Die Krippe eint*

Zu einem eindrucksvollen Ereignis gestaltete sich das 60jährige Jubiläum des Vereins Bamberger Krippenfreunde am 2. Dezember 1979. Unter dem einprägsamen Thema: „Die Krippe eint“ fanden sich Krippenfreunde aus halb Europa zu einem Festakt im Bamberger Freizeitwerk St. Heinrich ein. Die Krippe führte Franzosen, Holländer, Schweizer, Spanier, Österreicher, Südtiroler, Amerikaner und Menschen aus allen deutschen Landschaften zusammen. Die Gäste waren vom X. Internationalen Kongreß der Krippenfreunde in Nürnberg nach Bamberg gekommen. In ihrem Festvortrag bescheinigte Prof. Elisabeth Roth (Universität Bamberg) den Krippenfreunden aus nah und fern, daß sie die in unserer Zeit so nötigen Brücken zwischen Theologie und Volksfrömmigkeit zu bauen vermögen, da gerade die Krippenfreunde Denken und Tun, Mediation und Handeln



Heilige Nacht von Jakob Gerner ▸

◀ Ausstellungskrippe von Franz Döppmann: Weihnacht in der Roppeltsgasse in Bamberg (Ringvogelhaus)

Elfriede Riedel verlegt das Weihnachtsgeschehen an das Westtor der Alten Hofhaltung in Bamberg

Hirtenanbetung von Walter Hamatscheck

Figuren (Hl. Drei Könige) einer Krippe aus Sambach, die sich nach der Überlieferung ▶
einst in der Jesuitenkirche Bamberg befunden haben sollen,
18. Jahrhundert, jetzt als Leihgabe im Diözesanmuseum Bamberg

◀ Eine lustige Szene aus der Krippe der Oberen Pfarre in Bamberg

Huldigung der Hl. Drei Könige in der Gestaltung von Adam Kirchner. Figuren: Schauer, Oberammergau

Maria und Josef in
Bamberger Gärtnertracht.
Die Kleider wurden von
Elfriede Riedel hergestellt

Seite 58:
Beispiel einer orientalischen
Krippe. Sie steht als Modell
in der Bamberger
Krippenbauschule und wurde
von Jakob Gerner verfertigt.
Die Figuren sind aus dem
Grödnertal (Tirol)

Seite 59:
Heilige Nacht, Schloß Seehof
bei Memmelsdorf,
von Josef Kühnlein

Fränkische Stallkrippe ▸
von Jakob Gerner.
Sie kann nach der
Anleitung im Werkteil
dieses Buches leicht
nachgebaut werden.

Herbergssuche in Franken von Hans Schumm, Hirschaid. Die Figuren stammen aus der früheren Klosterkirche von St. Michael in Bamberg (18. Jahrhundert) und sind im Besitz des Vereins der Bamberger Krippenfreunde

miteinander verbänden. Jakob Gerner, der langjährige Vorsitzende der Bamberger Krippenfreunde, kam in seinem Abriß der Geschichte des Vereins zum Schluß, daß die Krippe stets stärker war als alle zeitbedingten Schwierigkeiten.[104]

Die Hauptattraktion der Bamberger Krippenfreunde ist die alljährliche Krippenausstellung während der Advents- und Weihnachtszeit in der Maternkapelle. Aber nicht nur hier sind die Krippen der Bamberger zu sehen. Durch Rundfunk und Fernsehen auch breiteren Schichten bekannt geworden, stellen die Bamberger verstärkt anderwärts aus. 1978 gestaltete die Stadt Göppingen bei Stuttgart im Heimatmuseum Storchenhaus und 1979 die Stadt Ludwigsburg, ebenfalls bei Stuttgart, in ihren Stadtsälen eine Krippenausstellung mit Leihgaben aus Bamberg. 1980 wurde eine eindrucksvolle Ausstellung von Bamberger Krippen im Rathausfoyer in Offenbach a. Main aufgebaut.

◀ Heilige Nacht auf der Altenburg von Jakob Gerner. Figuren: Max Huscher

# Das „fränkische Krippenwunder“

Die traditionsreiche, prächtige Krippe in der Bamberger Pfarrkirche zu Unserer Lieben Frau, der Oberen Pfarre, ist nicht nur ein charakteristisches Beispiel Bamberger Kultur, sondern mit ihren 180 stoffbekleideten beweglichen Holzfiguren eine der größten Kirchenkrippen Süddeutschlands. In seiner „Geschichte der Pfarrei zu Unserer Lieben Frau“ schreibt 1880 Valentin Loch, Professor für Exegese und orientalische Sprachen und langjähriger unermüdlicher Vorstand des Historischen Vereins in Bamberg:
„In der Zeit von Weihnachten bis Fastnacht erfreut sich unsere Kirche, besonders an den Abenden, eines sehr lebhaften Besuches, um die mit vielen und großem Aufwande hergestellte Krippe zu beschauen. Vor der Säkularisation wurde auf dem St. Anna-Altare eine Krippe mit wenigen Figuren und nur einigen Veränderungen aufgestellt; als durch die Säkularisation die Kirche der Franziskaner geschlossen und der Orden derselben, welche gerade stets und überall auf Grund ihrer Ordensstatuten diese Darstellungen besorgten, aufgehoben wurde, kam die besonders reiche Franziskanerkrippe in den Privatbesitz des Herrn von Künsberg, und durch hohen obrigkeitlichen Befehl, wurden Krippenvorstellungen in den Kirchen streng verboten. Erst mit dem Regierungsantritt des Königs Ludwig I. erfolgte 1826 die Erlaubniß nach mehr als 20jähriger Unterbrechung wieder Krippen in den Kirchen aufbauen zu dürfen. Dieses sollte alsbald geschehen, und es wurde gegen ein Honorar von elf Gulden nach einer Originalaufnahme die Umgegend Bethlehems copiert als Hintergrund und vielerlei Geräthe neu angeschafft, und da aufgerichtet, wo jetzt das Schnitzwerk von Veit Stoß ist; nachdem aber auch die ganze Krippe des Baron von Künsberg als Geschenk an die Kirche kam, war hier der Raum zu beschränkt, und man wählte nach Entfernung des unbenützten Altarsteines die Seite des Taufsteines. Aus der Zusammenstellung der drei Krippen – der Reste von der alten, der Anschaffung der neuen in der Kirche und der Baron von Künsberg'schen – erklärt sich die Ungleichheit in Form, Größe, Material etc. der Figuren und Zugehör, und die einzelnen Darstellungen, welche die Zeit von der Geburt des Heilands bis zum Wunder in Canaan umfassen, machen keineswegs Anspruch darauf, eine naturgetreue der Zeit der Geburt Christi, und den Einrichtungen, Kleidern, Beschäftigungen etc. Palästinas entsprechende plastische Wiederholung damaliger Ereignisse zu sein, sondern sie sind vielmehr so angeordnet und ausgeschmückt, wie die fromme Phantasie christlicher Kinder – kleiner und großer – alles Schöne und Würdige um das liebe Jesukind und seine hl. Mutter zu deren Ehrung zusammen aufgeboten sich vorstellt.“[105]



Krippe in der Oberen Pfarre in Bamberg: Anbetung der Engel ▶

GLORIA IN EXCELSIS DEO

Was Loch nicht erwähnt, ist die Tatsache, daß ein Pfarrer, nämlich Andreas Augustin Schellenberger, die Barockkrippe über die böse Zeit hinüber gerettet hat: Er versteckte sie die langen Jahre während des Krippenverbotes. Die notwendige Erneuerung, die Loch erwähnt, reichte bei weitem nicht aus, um die Krippe im alten Glanz wiedererstehen zu lassen. Auf Veranlassung von Leutnant Emmerich Kirchheimer wurde sie daher 1832 für 216 Gulden 45 Kreuzer repariert.[106]

Für diese Krippe setzte sich auch der fürstbischöfliche Hof- und Regierungsrat Philipp Freiherr von Künsberg ein, der in einer Denkschrift 1835 „beyläufige Nothwendigkeiten“ vorschlug:

„Wenn zur Erweckung eines religiösen Gefühls Krippen sollen aufgestellt werden, so fordert es die Würde des Gegenstandes, daß solche Vorstellungen in einer anziehenden und glanzvollen Gestalt erscheinen, nicht lumpiches Zeug und sogenanntes Gutgenug bringt diese Wirkung hervor. – Beyläufige Nothwendigkeiten:

1. Bey der Vorstellung der 3 König, befinden sich zwey davon in einer ganz abfärbigen, veralteten Kleidung, welche neue reich costumirt werden sollen.

2. Die Kamele bedürfen statt der düster Deken, verschiedene hellfärbige ins Aug leuchtende Zeuge, die mit passend Franzen und Büschen von Bortenwürker gefertigt zu decoriren wären.

3. An den Trabanten der Könige fehlt es gänzlich, und müssen da immer die Schäfer erst umgekleidet, die Lücke ausfüllen; wo es dann an diesem, die zur Vorstellenden Bewunderung gehören, gebricht.

4. Schönere Pferde als die gegenwärtigen sind, dürften ohne allen Übermuth angeschafft werden, denn die itzigen haben wahre Drachengestalt.

5. Ein großer Stern würde statt dem winzig kleinen, der nur ehemals für den Glaßkasten paßte, dem ganzen eine schöne Haltung geben.

6. Fehlt es der itzt erweiterten Krippe an wenigstens ein Dutzend Schaaf.

7. Sie bedarf eisener Leuchtern, die zugleich Einhengungs-Stäbe für davon nöthig erachtende Vorhänge gewähren, damit ein allenfallsicher Andrang des Pöpels und vorzüglich der Kinder während der Exposition des Sanctissimi und der Predigt abgehalten werde. – Jedoch mögte diese Verdeckung nicht länger statt haben, weil jeder Kirchenbesucher auch die Absicht hat, nach geendigter Andacht eine freudige Erbauung an der Krippe mit nach Hauß zu nehmen.

8. Möchte das Kostum der Schäfer und Bauern stets so beyzubehalten seyn, wie es von je und allezeit in den Krippen herkömmlich war, und nicht durch Vermummung in orientalische Tracht das liebliche und freudige der Sache entzogen würde.

9. Nicht zu vergessen, daß es auch an Juden für dem Tempel fehlt.

10. Der zwar schöne Tempel (für die Größe der Figuren allzu klein) in einer auf Stufen erhöhte Stellung käme, und durch passende höhere Vorhallen in ein Proportion mit den Figuren gebracht würde.“[107]

Noch eine Krippe in Bamberg – von Loch erwähnt – hatte den Zugriff rationalistischer Aufklärer überstanden: Die Krippe des Franziskanerklosters, die sich im Besitze des Freiherrn Philipp von Künsberg befand. Zunächst geliehen, kam diese Krippe dann als Geschenk zum Bestand in der Oberen Pfarre. Am 30. November 1850 sandte Künsberg an die Pfarrei dieses Leihangebot:

„A. der Stall innen mit einem schönen Felsenwerk samt dem Portal

B. die beiden anschließenden Ruinen

C. noch zweyer geänderten Säulenruinen
D. einen Turm E. eine Pyramide F. eine Stadt Bethlehem
G. noch zweyen kleinere ditto sämtlich von Pappendeckel
H. einen Tempel, der sich in mehrere Teil zerlegt
I. ein Arbeitshauß K. einem aus Blech künstlich gefertigtes Residenzgebäude für den Herodes in einer Faschade bestehend nebst einer gemalten Nische in Bogenform

Diese Gegenstände sollen wegen der Schwierigkeit des Transportes gegen besondere Empfangsbescheinigung nach der Ausstellung in guter Aufbewahrung von Seite des Oberpfarramtes zu Unserer Lieben Frau in ein Locale gebracht werden, welches nicht feucht ist und wie solches in Darleiher für gut finden muß. Auch müssen gegen Staub diese Gegenstände, wenn auch nur mit alten Tüchern umfangen werden. Die von Zeit zu Zeit zu den Vorstellungen geliehenen Figuren, Pferde, Kamele, Schaafe und sonstige Gethiere müssen nach geendigten Vorstellungen so wie sämtlich ungenanntes mit dem Darleiher in seiner Behaußung wieder zur Aufbewahrung unverletzt zurückgebracht werden.“[108]

Um 1860 flaute das allgemeine Interesse an den Krippen anscheinend wieder ab. Da sorgte Kaplan Augustin Benker, der von 1852 bis 1868 an dieser Kirche wirkte und auf Veranlassung Kolpings als Gründer des Bamberger Gesellenvereins und als Verfasser einer Anzahl Theaterstücke für kirchliche Vereine in Erscheinung getreten ist, dafür, daß die Tradition nicht abbrach. Nach der Jahrhundertwende nahmen sich die Krippenfreunde der Krippe an und sorgten für notwendige Reparaturen und Ergänzungen. Der Bestand an Figuren und Zubehör ist unorganisch, was sich aus der Zusammensetzung der verschiedenen Krippen und der in unserem Jahrhundert neu dazugekommenen Figuren erklären läßt: So gibt es Figuren, die geschnitzt sind von Mutschelle (18. Jahrhundert) bis zu den Bambergern Späth, Bauer, Leitherer und Huscher in unserem Jahrhundert.

Bamberger Gärtnerpaar aus der Krippe der Oberen Pfarre

Der Mesner Michael Kager beim Aufstellen der Krippe

Von nah und fern kommen die Besucher zur Krippe in die Obere Pfarre, zu diesem Bethlehem im Frankenland, wo sich Volkskunst und frommer Brauch mit Weltfreude verbinden. Sie alle lassen sich von dieser lebendigen Bilderbibel in Bann ziehen, die seit vielen Jahren von Mesner Michael Kager mit einer geradezu leidenschaftlichen Krippenliebe und mit einer wahrhaft „barocken Fantasie“[109] meisterhaft aufgebaut und wechselhaft gestaltet wird. Seine hauptsächlichsten Darstellungen sind: Maria Verkündigung, Maria Heimsuchung, Herbergssuche, Geburt des Herrn, Verkündigung an die Hirten, Beschneidung, Hirtenanbetung mit dem anreitenden Dreikönigszug, Dreikönigsanbetung, Abzug, Darstellung Jesu im Tempel, Flucht nach Ägypten oder Rast auf der Flucht, der Zwölfjährige im Tempel mit

Schlangenbeschwörer.
Szene aus der Krippe
der Oberen Pfarre

den Schriftgelehrten, Haus Nazareth, Hochzeit von Kana, die klugen und törichten Jungfrauen.
Die glanzvollsten Darstellungen sind die Dreikönige und die Hochzeit von Kana. „Hier“, so urteilt Krippenpfarrer Freitag, „versteht es der Aufsteller meisterhaft, den heiligen Raum mit dem eigentlichen Geschehen in den herausragenden Mittelpunkt zu gestalten und dann, bei der Weiträumigkeit der Krippe, in den Seiten daneben, das fränkische Volksleben ganz echt erstehen zu lassen. Wie in den Neapolitanerkrippen der Schmederersammlung das Straßenleben in realistischer Treue vorgeführt wird – hier wird nun das Gleiche ins Fränkische übersetzt.“[110]
Den besonderen Reiz der Krippe, den lassen wir Pfarrer Freitag schildern, der ja selbst als Ministrant beim Aufstellen der Krippe in der Oberen Pfarre dem Glaser Baptist Preller geholfen hat, beim Zulangen und beim Versuchen der eßbaren Köstlichkeiten: „Das läßt sich nicht schildern, man muß es gesehen haben, wie da die Hirten mit dem Dreikönigs-Gefolge feilschen mit Tauschgeschäften und Wasserpfeifen rauchende Diener Würfelspiele machen oder wie bei der Hochzeit von Kana ein richtiges fränkisches Volksfest sich vor unseren Augen auftut: Da wird der geschlachtete Hammel abgezogen und am Spieß gebraten, daneben weint ein Bub bitterlich, weil ihm ein frecher Spitz seine Würste aus dem Korb gestohlen hat, der Koch sitzt am großen Kupferkessel in der großen Küche, die reichlich mit Kupfer und Zinngeschirr ausgestattet ist, das Gesinde macht kräftig Brotzeit, Pferde werden beschlagen, Kamele gefüttert, einer flickt zerrissene Hosen, ja da ist ein Zauberkünstler und die Musik spielt zum Tanz auf und der fränkische Hochzeitslader fungiert mit seinem, mit bunten Bändern geschmückten Stab. Das Einzigartige noch: die Bäcker und Metzger halten echte Ware feil, genauso wie Bamberger Gärtnersfrauen in ihren Trachten Gemüse in Kleinformat anbieten. In Miniaturausgaben werden 6 Pfund Würstchen, Leberkäs und Schnitzel von den Metzgern der Pfarrei hergestellt; ebenso verarbeiten die Bäcker der Pfarrei mehrere Kilo Teig für kleine Hörnchen, Krapfen, Brötchen, Mohnzöpfe, Brezeln.“[111]

# Krippen im Diözesanmuseum

„Über Bamberg leuchtet der Glanz der Krippe auf" – daß er in besonderem Maß über dem Domberg aufleuchtet: Das war ein sehnlicher Wunsch von Krippenpfarrer Johann Freitag. Daß er in Erfüllung gegangen ist, dazu hat Freitag noch selbst beigetragen. Laut testamentarischer Verfügung hat er dem Bamberger Metropolitankapitel für das Diözesanmuseum, das im Kapitelshaus am Dom untergebracht ist, einen Großteil seiner reichhaltigen Krippensammlung überlassen. Der „Bayerische Krippenpfarrer", der durch seine aufrüttelnden Ansprachen und warmherzigen Werbevorträge für seine geliebte Krippe landauf landab wohlbekannt war, hat es nicht nur bei seiner begnadeten Beredsamkeit bewenden lassen, sondern war selbst zu einem beachtlichen Sammler geworden.

In enger Zusammenarbeit mit dem Verein Bamberger Krippenfreunde konnte das Museum durch eine eigene Krippenabteilung, deren Kern die Pfarrer-Freitag-Sammlung ist, bereichert werden. Die Eröffnung dieser Abteilung erfolgte anläßlich der 60-Jahr-Feier der Bamberger Krippenfreunde im Dezember 1979.[111] Das Museum besitzt nun 15 Krippen mit etwa 800 Einzelteilen.

Eines der Prunkstücke der Freitag-Sammlung ist die zwischen 1920 und 1930 entstandene Krippe „Heilige Nacht mit großem Hirtenfeld" von dem Tiroler Schnitzer Romed Speckbacher aus Taur bei Innsbruck. Sie hat „24 ausgezeichnete Figuren und zwei als einmalig zu bezeichnende Gloriolen: eine Gottvatergloriole und eine Verkündigungsgloriole; die erstere wird von 18 Figuren, die letztere von acht Figuren gebildet. Diese Gloriolen allein schon sind eine Sehenswürdigkeit für alle, die mit tiroler Krippenkunst nicht auf vertrautem Fuße stehen . . . Das Hirtenfeld . . . wird belebt von einer ‚Schar' herrlicher Schafe, die ihresgleichen suchen. Nicht weniger als achtzig solcher markanter Krippentiere treiben sich da auf den Fluren Bethlehems herum; zum Teil entstammen sie den Meisterhänden Romed Speckbachers, zum Teil gab ihnen das Leben einer der bekanntesten Tiroler Schnitzer: Josef Spiegel aus Oberperfuß. Man muß schier den Atem anhalten, wenn man sich in diese charakteristische Tierwelt einleben will; ein Teil der Schafe äst oder ruht im engen Pferch, ein anderer Teil aber wurde von der Engelserscheinung erfaßt und rast nun in panischem Schrecken über die niederen Hürden."[112] Eine zweite Speckbacherkrippe, gegen Ende 1930 entstanden, ist ein pompöser Dreikönigszug mit nicht weniger als 45 Figuren.

Von Joseph Benedikt Probst (1773–1861) besaß Freitag eine Fastenkrippe, in der das Leiden Christi mit allen Einzelheiten der biblischen Geschichte dargestellt ist. Meisterhaft vom Künstler selbst gestaltet ist die Feinheit der vielen Einzeldarstellungen und

Speckbacher-Krippe: Hirtenfeld mit Engelsgloriole

Gruppierungen. Probst-Krippen gehören zweifelsohne zu den Kostbarkeiten jedes Krippensammlers. Von Elisabeth Muchardt, der 1904 in Köln geborenen Künstlerin, hatte Pfarrer Freitag vier Werke erworben, nämlich eine „Verkündigung“, eine „Heilige Nacht mit Anbetung der Hirten“, eine „Anbetung der Könige“ und eine „Heilige Familie“. Sie sind in einer eigenen Vitrine aufgestellt.

Eine „neapolitanische Rundkrippe“, Kopie einer im Bayerischen Nationalmuseum stehenden Krippe, gehörte ebenfalls zum Nachlaß Freitags. Auch die „Santos“-Sammlung befindet sich im Museum. Santos sind berühmte und beliebte Krippenfiguren, die vor allem in Südost-Frankreich und der Provence beheimatet sind. Sie sind aus Ton geformt und nach dem Brand bemalt.

Nach Auffassung von Museumsdirektor Dr. Bruno Neundorfer muß sich seit dem 17. und 18. Jahrhundert im Bamberger Dom auch eine große barocke Krippe befunden haben; denn eine Reihe erhalten gebliebener Einzelfiguren war seit dem 19. Jahrhundert im Domschatz. Diese wurden dort immer als Reste der Domkrippe bezeichnet. Über die Art der Aufstellung ist nichts bekannt.[113] Diese Figuren sind heute im unteren Gang des Museums, in unmittelbarer Nähe der Freitag-Sammlung, in Wandvitrinen aufgestellt.

Als Leihgabe steht in der Krippenabteilung die sogenannte Jesuitenkrippe, bei der es sich um die Reste eines großen Dreikönigszuges handelt, der im 18. Jahrhundert entstanden sein dürfte. Sie ist Eigentum der katholischen Kirchenstiftung Sambach. Die Herkunft dieser Krippe ist nicht einwandfrei zu klären. Nach der Überlieferung soll sie sich einst in der Jesuitenkirche in Bamberg befunden haben. Nach Neundorfer ist sie möglicherweise zu Beginn des 19. Jahrhunderts nach Sambach gekommen, einem Ort, der zum ehemaligen Besitz der Bamberger Jesuitenniederlassung gehört hatte, später zum Universitätsgut und seit dem 19. Jahrhundert zur Lyzeumsstif-

Speckbacher-Krippe:
Engelsanbetung mit
Gottvatergloriole

Anreitender König von R. Speckbacher. Diözesanmuseum Bamberg

tung gehörte.[114] Die Figuren stammen aus dem 18. Jahrhundert und sind teilweise aus Holz und Wachs angefertigt. Die Bekleidung ist großenteils original erhalten. Beachtenswert an ihnen findet Daxelmüller die eingelegten Glasaugen und die Haare.[115]
Die wohl älteste Krippendarstellung im Museum war die „Iphöfer Krippe", die noch dem 17. Jahrhundert angehört. Als Leihgabe dem Diözesanmuseum übergeben, ist sie 1981 wieder nach Iphofen zurückgekehrt. Auf einem gemeinsamen Sockel ist Maria mit dem Jesusknaben und einem Engel dargestellt. Josef steht frei davor.

# Fränkische Heimatkrippe

Zum deutschen Weihnachtsfest gehört der Christbaum, gehört aber auch die Krippe in vielerlei Formen und Ausprägung. Bamberger Krippenbauer gestalten mit Vorliebe Krippen mit Heimatcharakter: Das Weihnachtsgeschehen ereignet sich vor heimatlichen Motiven, die handelnden Personen sind in heimatliche Trachten gekleidet. Daß wir es bei der sogenannten Heimatkrippe mit einer sehr eigenwilligen, im Hinblick auf den Bibeltext eigentlich falschen Umstellung zu tun haben – darauf hat bereits Gudula Bonell in ihrem Krippenbuch hingewiesen.[117]
Lange Zeit hatten sich Krippenbauer an „historische Treue" gehalten und orientalische Krippen gebaut, nicht zuletzt unter dem Einfluß der Nazarener. In Bamberg waren relativ früh in den Ausstellungen des Krippenvereins Krippen zu sehen, die bekannte heimatliche Winkel, Häuser und Straßen zeigten.
Befürworter der Heimatkrippe argumentieren, daß Bethlehem überall sei: „Der geographische Schauplatz bleibt wohl dem Namen nach bestehen, aber Volk, Stamm und Klima wandelt ihn um und verändert ihn grundlegend."[118] Das Weihnachtsfest wird bei uns völlig regional empfunden: Schnee, Kälte und Winternacht gehören nun einmal dazu. Die Heimatkrippe benützt die vertraute, altgewohnte Umgebung, um die Weihnachtsgeschichte auf wirksame Weise in unserer Muttersprache erzählen zu können. So wird der Betrachter eigentümlich in Bann gezogen.

Prof. Dr. Elisabeth Roth, Inhaberin des Lehrstuhls für Heimat- und Volkskunde an der Universität Bamberg, deutet Heimatkrippe als das Hineinstellen des Weihnachtsfestkreises in die nächste Umwelt, in malerische Winkel einer Stadt, in den Stall neben einem Bauernhaus, in die heimische Landschaft. Wer die Vorstufe der Krippe in Bildkunst und Schauspiel bedenke, wisse ja auch wie seit dem Spätmittelalter das heilige Geschehen vor der heimatlichen Landschaft oder in der Bürgerstube sich vollziehe.[119]
Sicherlich sind auch die Neger-, Chinesen- und Indianerkrippen „Ausdruck von Adaption der Heilswahrheit an die jeweilige irdische Wirklichkeit, an das hier und heute, in unserem Raum und unserer Gesellschaft, in die der Heiland geboren wird".[120]
Freilich, in der Krippenbauschule des Vereins Bamberger Krippenfreunde e.V. bevorzugen vorläufig die Einheimischen noch alpenländische, speziell Tiroler Krippenbauten. Darin zeigt sich „zwar einerseits ein Mangel an fränkischem Selbstbewußtsein, andererseits eine Hinneigung zu der als ideal empfundenen Ferienlandschaft, für viele Bamberger sogar eine Art Ferienheimat, die zugleich eine berühmte Krippentradition hat".[121] Daß diese Gestaltungen die Heimatkrippe nur sehr bedingt repräsentieren, sei eigens vermerkt.
Schlicht und einfach soll die Heimatkrippe sein „wie ein Volkslied".[122] Eine Forderung, die nicht ganz einfach zu erfüllen ist. Von einer Entgleisung beson-

Heilige Nacht auf dem Sauersberg. Gestaltung: J. Gerner. Figuren: M. Huscher

derer Art weiß der „Bayerische Krippenfreund" zu berichten, von einer Heimatkrippe, „deren Charme und Ausführung viele Besucher bezauberte, die aber gedanklich und historisch eine einzige Unmöglichkeit ist: Tief verschneiter Wienerwald mit dickem Watteschnee, in dem beweißte Ästchen als Waldbäume staken. In einer Holzhütte, reichlich nebenan und nebensächlich behandelt, die Hauptgruppe der heiligen Familie. Blickfang und Mittelpunkt war das große Watteschneefeld, das eine ganze Wiener Biedermeiergesellschaft um 1820 in der damaligen Mode in Schuttenhut, Krinoline und in Spitzenfrack mit

Zylinderhut bevölkerte. Herzige Püppchen mit anerkennenswerter Technik gestaltet, kostümiert und sogar charakterisiert. Da wird ein elegantes Ehepaar im Schlitten von einem befreundeten Herrn begrüßt, ein frecher Schusterjunge trägt die reparierten Stiefel aus, das mollige Wiener Wäschermadel fehlt nicht, auch der Franzl Schubert mit seiner charakteristischen Brille taucht auf, ja selbst der düstere Beethoven stampft als Einzelgänger barhäuptig mit den Händen auf dem Rücken durch den Ästchen-Wald. Gewiß, so etwas ist liebenswürdig und nett, aber das ist keine Krippe mehr, sondern eine Spielerei mit Puppen geworden.“[123]

Vor dieser Spielerei haben sich Bamberger Krippenbauer stets gehütet. In den letzten Jahren entwickelten sie bewußt eine „fränkische Krippe“. 1963 wählt der Vorsitzende der Krippenfreunde, Jakob Gerner, als Szenerie des Weihnachtsgeschehens die Gutsscheune von Hundshaupten in der Fränkischen Schweiz, es folgt eine Herbergssuche in der Sandstraße und eine Heilige Nacht in der Alten Hofhaltung in Bamberg. Franz Döppmann läßt das heilige Paar in der Bamberger Roppeltsgasse um Quartier nachsuchen, bei Florian Hofmann bitten Josef und Maria am Wehrgang in Kronach um Quartier und bei Michael Gessner vor dem Stadttor von Prichsenstadt. Adam Kirchner verlegt die Verkündigung in eine fränkische Stube. Die Flucht der Heiligen Familie geschieht bei Josef Kühnlein über die verschneite Jurahöhe und bei Walter Hamatschek in der winterlichen Maternstraße in Bamberg. Der Krippenkünstler Hamatschek läßt die Heiligen Drei Könige in einem Bamberger Altstadthof mit Blick auf die Kirchen der Stadt dem göttlichen Kind huldigen.

Die Heimatkrippe als Programm – das wurde ganz besonders deutlich bei der Jubiläumsausstellung 1969

Herbergssuche am Stadttor in Prichsenstadt.
Von Michael Gessner. Figuren: M. Huscher.

der Bamberger Krippenfreunde. Die Themakrippe: „Sie gingen eilends hin“ war von Walter Hamatschek gestaltet worden: Eine verschneite Landschaft, im Hintergrund Alt-Bamberg mit dem Dom, links vorne ein Stall, in dessen Inneres der Beschauer nicht sehen konnte. Aus der geöffneten Stalltüre strahlte ein Licht. Das heilige Geschehen selbst war verhüllt, aber auf den Gesichtern der Hirten, urwüchsige fränkische Gestalten, lag der Wiederschein der Freude und des Friedens der Geburt Christi.[124]

Unsere Zeit ist trotz aller Nüchternheit wieder bemerkenswert brauchtumsfreundlich. Das kommt dem offenkundigen Interesse an der Bamberger Heimatkrippe sicherlich entgegen. Aber nicht allein darin liegt ihre Anziehungskraft: weil sie schlicht und einfach ist wie ein Volkslied, rührt sie an unser Herz.

Die Herbergssuche, diesmal in der ▶
Gestaltung von
Florian Hofmann
mit Figuren von
Max Huscher.
Sie ist angesiedelt
am Wehrgang von Kronach

Einer der bekanntesten Krippenbauer und Schnitzer in Franken ist Walter Hamatscheck. Seine ausdrucksstarken und lebendigen Figuren ziehen die Betrachter immer wieder in Bann. Von zarter, fröhlicher Innigkeit ist diese Dreikönigsszene in einem Bamberger Innenhof

Herbergssuche in Alt-Bamberg, in der Roppeltsgasse. Diese Ausstellungskrippe schuf Franz Döppmann

# „Moderne Krippen“ – modernistische Floskeln?

In den 60er Jahren wurde in den Reihen der Krippenfreunde ausgiebig über zeitnahes Krippenbauen diskutiert. Es wurden Stimmen laut, die dringend nach einer Modernisierung der Krippe verlangten. Verstärkt waren in Ausstellungen, auch in Kirchen, Krippen in moderner Gestaltung zu sehen, die bewußt auf Haus und Landschaft verzichteten. Karl-Otto Schimpf, der zahlreiche Beiträge im „Bayerischen Krippenfreund“ schrieb und als strenger Kunstrichter in Sachen Krippen galt, beschrieb „einige Proben“, die er damals in Augenschein genommen hatte: „Was uns im In- und Ausland in jüngster Zeit als ‚modern‘ vorgesetzt wurde, sah alles anderes als ‚künstlerisch‘ aus. Unvermögen und Dilettantismus überwog. Menschliche Körperproportionen schien es nicht mehr zu geben. Auf überlangen, spinneldürren Gliedmaßen saß ein erbsengroßes Köpfchen, andere Gruppen hatten dicke Katzenkadaver in der Krippe, um die sich reine Karikaturen als Elternpaar und Hirten scharten . . . Bei aller Bereitschaft zum Neuen fragen wir uns, ob es denn auch in der kirchlichen Kunst unbedingt notwendig ist, daß man z. B. den figürlichen Christus als finsteren Räuberhauptmann, Maria mit Wasserkopf und Kugelstirne, und die Heiligen als Zerrbilder oder Idioten darstellt, wobei man nie weiß, ob man sich bewußt oder aus leichtsinniger Stümperei an Dinge heranwagt, denen man besser aus dem Wege gehen sollte.“[125]

Der Streit ging auf Jahre unvermindert weiter. Eine konservative Gruppe sah „die künftige Krippe schon dargestellt in Deformationen, Konstruktionen und abstraktem Expressionismus. Der Untergang der herkömmlichen Krippe schien für sie gekommen zu sein. Die anderen, die avantgardistischen Krippenbauer, versuchten sich, den vermeintlichen Umbruch erwartend, schon im Experimentieren.“[126]

Es wurde in der Tat viel experimentiert. Die meisten Versuche jedoch, ob nun kubistisch, futuristisch oder betont realistisch, scheiterten. Die Bestrebungen, neue Formen zu finden, wurden zwar begrüßt, aber immer wieder darauf hingewiesen, daß auch moderne Kunst, bzw. Krippen, würdig und verständlich sein müßten.[127]

Neue Wege in der zeitnahen Gestaltung der Krippe beschritt der Nürnberger Krippenbauer Willi Biegler. Lange Zeit Ortsvorsitzender des Nürnberger Krippenvereins hatte er vielmals das Geschehen um die Geburt Christi in traditionellen Landschafts- und Heimatkrippen geformt. Holz, Wachs und Stoff waren die Materialien. Biegler, Werkmeister in einem Industriebetrieb, bemühte sich nach seiner Pensionierung, angeregt durch die Diskussion über die moderne Krippe und angetrieben durch jüngere Krippenfreunde, um eine zeitnahe, symbolische Formgebung seiner Krippen.[128] Nun versuchte er, in seinen Darstellungen das Wesentliche des Weihnachtsgeschehens herauszuarbeiten und in Verbin-



Peter Reus (Gestaltung) und Walter Hamatscheck (Figuren): Wohnungssuche ▶

VERMIETUNGEN
Der kleine Terrassen-Bungalow mit flexibler Wohnfläche
Neubauwohnungen

Weihnachtskreuz von Willi Biegler

dung mit dem späteren Wirken Jesu zu bringen. Als Material verwendete er vorwiegend Metall. Seine Krippen sind individuelle Kunstwerke, von starker Eigenart geprägt. Sie sind „beeindruckende Aussagen der Zeit, wie Sehnsucht nach Geborgenheit, Gewißheit des Leides und Hoffnung auf Erlösung“.[129] Da liegt das neugeborene Kind nicht in einer Krippe im Stall, sondern in einem Globus mit der flächentreuen Abbildung der Erde mit den Meridianen und Kreisen: das göttliche Kind als Quelle der Freude und Hoffnung für alle Menschen. Eine andere Krippe: Vor einem blau überlegten Strahlenkranz aus ungezählten Metallstäben, der das Weltall symbolisiert, steht die Gruppe der Heiligen Familie auf einer Dornenkrone, die an den Erlösertod Christi erinnert. Über der Heiligen Familie glänzt ein Rohamethyst im Dreieck auf, als Zeichen der Dreifaltigkeit. Oder diese Darstellung: In ein Kreuz, dessen zerberstende Gestalt aus Holz besteht, das mit Eisenteilspänen bekleidet ist, hat Biegler eine Geburtshöhle geschlagen, in dem das Christuskind, Maria und Josef Zuflucht finden vor dem Dunkel des Grauens: Konfrontation mit Problemen der Zeit ist ebenso beabsichtigt wie die Aktualisierung des biblischen Geschehens. Bieglers Deutung: „Das Kreuz zerfällt – und wir feiern Weihnachten. Aber wir feiern doch Weihnachten.“

Von den Bamberger Krippenfreunden zeigte Hans Schumm in den 70er Jahren eine Styroporarbeit in einer Ausstellung in der Matern: die Heilige Familie zwischen Mauer und Stacheldraht. Der Titel: Friede auf Erden. Eine andere Symbolkrippe brachte Peter Reus (Nürnberg) 1979 zur Aufstellung: Vor einem Berg mit dem Kreuz die Gruppe Maria, Josef und das Kind. Auf dem Querbalken des Kreuzes die Aufschrift: „Wohin fliehst du?“ Eine Reihe von „zehn Kreuzen in der Landschaft weisen in den Querarmen, gleich Wegweisern, auf Gefahren der Gegenwart hin, wie z. B. Ideologisierung – Terrorismus, Habsucht – Geiselnahme, Alltagsstreß – Urlaubsrummel“.[130]

Allerdings, dies sind nur vereinzelte Beispiele einer zeitnahen, sprich modernen Gestaltung der Krippe. Das Weihnachtsgeschehen und die damit verbundene Empfindlichkeit und Empfindsamkeit beim

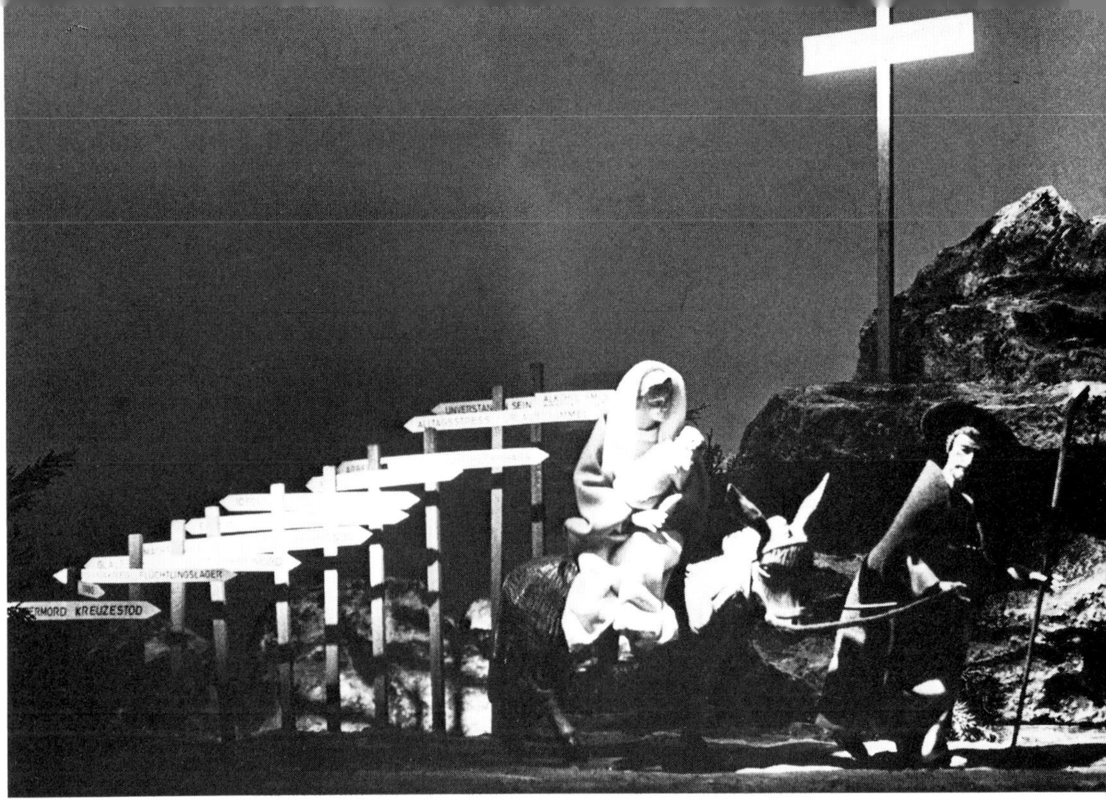


Peter Reuß: Auf der Flucht

Beschauer, läßt abstrakte Darstellungen als ziemlich problematisch erscheinen. Und bewußte Provokationen, die angeblich betroffen machen wollen, scheinen dem Wesen der Krippe entgegenzulaufen. Denn allenthalben ist beim Krippenbau eine ethisch-religiöse Grundhaltung auszumachen. Elisabeth Roth meint darum auch, daß Krippenbauer Gläubige sind, „zumeist von Kind auf, ungebrochen von Zweifeln, von ähnlicher Frömmigkeit erfüllt wie die Hirten, die noch vor den Weisen zur Krippe durften; wie diese wollen sie sehen, ja noch mehr: sie wollen handeln, etwas tun, damit auch andere das Geheimnis der Weihnacht im Gebet besser erkennen“.[131]

Krippenpfarrer Johann Freitag legte den Krippenbauern nahe, zuerst wie die Hirten selber zu sehen, im Glauben zu sehen, und dann „wollen wir durch unsere Krippen, daß auch andere das sehen. Die Menschen müssen förmlich unseren Glauben in unseren Krippen sehen. So wollen wir in der rechten Hirtennachfolge glaubens- und kunstsinnige Krippen bauen“.[132] Angesichts dieses Krippenverständnisses, das sicherlich von den meisten Krippenbauern auch heute noch bejaht wird – und dies nicht nur von ihnen, sondern auch von einem Großteil des gläubigen Volks –, ist die Frage, ob die Krippe sich unbedingt modernisieren muß, völlig überflüssig.

# Krippe in der Krise?

Von spürbarer Unsicherheit, ja oftmals von lähmender Ratlosigkeit wurden viele Krippler in den 70er Jahren dieses Jahrhunderts heimgesucht. Das Schlagwort von der „Krippe in der Krise“ tauchte auf. Das Zweite Vatikanische Konzil (1962–1965) hatte eine Welle einer neuen Aufklärung freigesetzt, die auch die volkstümliche Weihnachtskrippe hinwegzuschwemmen drohte. Selbst Krippenpfarrer Johann Freitag erlitt einen „gelinden Schock“[133] als er 1966 in einer kirchlichen Zeitschrift diese Zeilen las: „Krippenbau – vielleicht wird er in nächster Zeit abgetan im Konzilszeitalter liturgischer Sachlichkeit. Vielleicht wird er sogar vorübergehend aus dem kirchlichen Raum verbannt. Es wäre nicht das erste Mal in der Geschichte.“[134] Das unselige Krippenverbot anno 1803 war also noch keineswegs der Vergessenheit anheimgefallen.

Der Bamberger Pfarrer Paul Kupfer versucht in dieser Situation, den Krippenbauern „Anregungen aus dem Konzil für den Krippenbau“ zu geben. In einem Beitrag im „Bayerischen Krippenfreund“[135] weist Kupfer darauf hin, daß in fast allen Konzilsdokumenten Priester und Laien ermahnt werden, das Gotteswort in den Mittelpunkt des Lebens zu setzen. Kupfer meint nun, daß sich daraus für den Krippenbauer – auch wenn das Konzil nichts über den Krippenbau gesagt habe – wichtige Folgerungen ergeben: „Krippe ist Darstellung biblischen Geschehens. Also muß der Krippenbauer sich um ein tiefes Verständnis der Heiligen Schrift bemühen. Es sollte für ihn selbstverständlich sein, den Text eines biblischen Berichtes genau zu kennen. Falls Schwierigkeiten der Auslegung bestehen, sollte er einen Fachmann, also einen Priester, Theologen oder gar Exegeten, befragen. Erst nach solchem Studium und nachdem der Krippenbauer sich betrachtend in das heilige Geschehen versenkt hat, sollte er an die künstlerische Gestaltung gehen. Treue zur Heiligen Schrift ist eine unabdingbare Forderung für eine Krippendarstellung.“[136] Diese Forderung Kupfers wird manchen Krippenfreund schockiert haben. Denn die Heilige Schrift sagt ja nun einmal nicht viel aus über das Weihnachtsgeschehen. Und in den langen Jahren der Krippengeschichte erzählten Krippendarstellung allerhand Geschichten, kamen Szenen, viel Beiwerk: Lustiges, Anrüchiges, allzu Menschliches, hinzu.

Die Konzilväter hatten eindringlich gemahnt, daß „der Tisch des Wortes reichlicher gedeckt werde“ (Lit. Konst.). Daß sich die Krippe zeitweise vom „Wort“ wegentwickelt hatte in die Bereiche der allzu freien Phantasie, das war offenkundig.

Pfarrer Kupfer wünschte daher von den Krippenbauern, daß sie zu jeder Krippendarstellung den Text der entsprechenden Stelle der Heiligen Schrift und „wenn möglich, eine ganze, an der betreffenden Stelle aufgeschlagene Bibel“ anbringen sollten. Ein

Heilige Nacht. Bauten und Gestaltung: Adam Kirchner. Figuren: Josef Hien, Ottobrunn

weiterer ernst gemeinter Vorschlag: „In den Kirchenkrippen wird meistens das betreffende Thema der Darstellung angegeben. Es dürfte nicht allzu schwer sein, durch ein dazugefügtes kurzes Wort die heilsgeschichtliche Bedeutung des betreffenden Ereignisses anzugeben. So wird die Gefahr vermieden, daß der Beschauer die Darstellung nur als ein längst vergangenes, historisches Ereignis ansieht und die Krippe als Museumsstück bewertet."[137]

Dasselbe Verfahren empfiehlt Kupfer auch, wenn aus „künstlerischen Erwägungen heraus eine biblische Szene in eine andere Zeit oder eine andere Umgebung verlegt wird", damit nicht der Eindruck eines frommen Märchens entsteht. Der Beschauer

müßte merken, daß der Krippenbauer sich bemüht habe, das für alle Zeiten gültige Heilsgeschehen sichtbar zu machen.
„Seit dem Konzil gibt's ja nur mehr Ostern!" seufzten damals etliche Krippler. Pfarrer Kupfer hatte es ihnen mit aller Deutlichkeit klar gemacht: „. . . der Mittelpunkt unserer Erlösung und das entscheidende biblische Geschehen, auf das hin alles andere angelegt ist, ist das Ostergeheimnis." Daher will er von den Krippenbauern erreichen, daß sie stärker als bisher das Geschehen um den Tod und die Auferstehung des Herrn darstellen.
Der Pfarrer von St. Kunigund redete jedoch den Krippenfreunden nicht nur ins rechte Konzils-Gewissen, sondern handelte selbst danach. Seine Pfarrgemeinde hatte eine wertvolle „Flinzner-Krippe" erwerben können. Ein Arbeitsteam, bestehend aus zwei im graphischen Gewerbe künstlerisch tätigen Männern der Gemeinde und dem Pfarrer, bemühten sich in vierzehntäglich wechselnden Szenen die aus dem Konzil abgeleiteten Grundsätze zu verwirklichen. Auf die Krippendarstellungen wurde mit Themenangabe und dem erklärenden Zusatz mittels Plakaten hingewiesen, die an den Kirchentüren, in den Schulen und am Kindergarten angebracht wurden und jeweils auch die nächste Szene ankündigten. Neben dem im Haupteingang befindlichen Krippenfenster lag in einem beleuchteten Schaukasten eine aufgeschlagene Großbibel mit dem jeweiligen Text. Auch in der Sonntagspredigt wurde auf das Thema der Krippe und die Deutung hingewiesen und „so eine möglichst konzentrische Verkündigung der Heilswahrheit in Wort und Bild erreicht".[138]
Auch Krippenpfarrer Freitag schaltet sich in die „Krippen-Konzilsdebatte" ein. In seiner Eigenschaft als Landesvorsitzender tröstet er auf der 35. Landestagung 1966 in Fürstenfeldbruck die Krippler: „Freunde! Habt keine Angst! Es gibt als Folge des Konzils keinen Krippenmord! Im Gegenteil; sie brauchen uns im Zeitalter der nüchternen Sachlichkeit, daß wir die kalten, nüchternen Kirchen warm machen und ruhig machen unser unruhig gewordenes Gottesvolk!"[139] Den Mut zu dieser Aussage findet Freitag in der Liturgiekonstitution des Konzils. Er zitiert dabei einen Satz aus dem 7. Kapitel, das über die sakrale Kunst handelt: „Vom Wesen her ist sie ausgerichtet auf die unendliche Schönheit Gottes, die in menschlichen Werken zum Ausdruck kommen soll und sie sind um so mehr Gott und seinem Lob geweiht, als ihnen kein anderes Ziel gesetzt ist, als durch ihre Werke den Sinn der Menschen in heiliger Verehrung auf Gott zu wenden" (Abs. 122). Freitag meint, daß dies ganz und gar von der Krippe gilt: „Kunst, Kleinkunst, Volkskunst ist sie, seinem Lob geweiht, und wir haben wirklich kein anderes Ziel uns gesetzt, als durch die Werke unserer Hände, durch Krippenbau, den Sinn der Menschen in heiliger Verehrung auf Gott zu wenden. Besser können wir Sinn und Zweck und Ziel unserer Krippenbewegung nicht aussprechen."
Freilich – „wahrhaft würdig, geziemend und schön . . . und dem Glauben, der Frömmigkeit entsprechen und als geeignet für den Dienst im Heiligtum anzusehen sein" müssen die Krippen schon. Das sei, so Freitag, aber schon immer in Wort und Schrift in den Kreisen der Krippenfreunde gefordert worden. Das sei nichts Neues! Einen Satz aus der Liturgiekonstitution legt der Krippenpfarrer jedem Krippler besonders ans Herz; den sollten sie sich gut merken, und „sollte einer kommen, und wäre es ein Pfarrer, der euch lächerlich oder gar Schwierigkeiten machen sollte", dann sollten sie ihm dies sagen: „Die

Fränkische Scheunenkrippe von Jakob Gerner. Figuren: Max Huscher

Kirche hat niemals einen Stil als ihren eigenen betrachtet, sondern hat je nach Eigenart der Völker . . . die Sonderart jeden Zeitalters zugelassen und so im Laufe der Jahrhunderte einen Schatz zusammengetragen, der mit aller Sorge zu hüten ist." Auch die Krippenfreunde hätten nie einen Stil als den alleinigen betrachtet, ob geschlossene oder offene, ob orientalische oder Heimatkrippe, sondern je nach der Eigenart der Bayern, Schwaben, Franken, Tiroler, Salzburger, Italiener, Spanier, jede Krippe gelten lassen. Dieser Schatz, den Volkskunst und Volksglaube zusammengetragen hätten, gelte es auch fürderhin zu bewahren. „Freunde", ermahnt Freitag zum Abschluß seiner Ansprache, „Freunde behaltet dies – daß das Krippenbauen ein Stück heiliger Nachahmung des Schöpfergottes ist, und schaffen wir solche Werke, die wirklich der Auferbauung der Gläubigen dienen!"[140]

In der Auslegung und in den Nachvollzug des Konzils hat sich vieles hineingeschlichen, was gar nicht vom Konzil gewollt und gedacht war. Es war sicherlich nicht gedacht, alles im Gottesdienst, was mit Schönheit und Erhabenheit zusammenhängt, abzutun. In der schon mehrmals zitierten Konzilskonstitution über die Liturgie heißt es: „Die Riten sollen den Glanz edler Einfachheit an sich tragen, sie sollen durchschaubar sein, der Fassungskraft der Gläubigen angepaßt und sie sollen nicht vieler Erklärungen bedürfen." Genau dies könne man, so stellte es jüngst der Generalvikar der Erzdiözese Bamberg, Prälat Dr. Heinrich Straub, in einem Rundfunkinterview dar, direkt auch auf die Krippe an Weihnachten anwenden. Straub: „In ihrer greifbaren künstlerischen Ausgestaltung kann ihr eine Art magnetischer Kraft zu eigen sein, die uns in das Gotteslob hineinzieht. Die Krippe ist heute zugleich ein gutes Mittel gegen die Entmythologisierung und gegen die Desakralisierung."[141]

Den Krippenbauern ist gerade nach dem Konzil eine wichtige Aufgabe zugewachsen: Im Weihnachtsgeheimnis wird deutlich, daß der Mensch, der nach Sinn sucht, ihn hier findet, daß er nach Heil und Erlösung fragt, die ihm hier aufleuchten. Die Kirche bedarf des Wortes und des Bildes. Glaube wendet sich nicht nur an das Hören, sondern auch an das Sehen. Daß wir aufgeklärte Menschen eines radikal aufgeklärten Zeitalters das wieder verstehen und das Weihnachtsgeheimnis auch ganz mit unseren Sinnen aufnehmen können, um diese Hilfestellung seien die Krippenbauer und Gestalter herzlich gebeten.

# Einige alte „Weihnacht-Gesänger“

Eine stattliche Anzahl von „alten und neuen Weihnacht-Gesänger“ bot das „Bambergische Gesang-Buch“[142] unseren Vorfahren zum Gebrauch. Die Zahl der Lieder im Weihnachtsfestkreis übertraf bei weitem die der Osterzeit, worin sicherlich die Vorliebe zum Weihnachtsfest, das ja im besonderen Maß die Herzen anrührt, zum Ausdruck kommt.

1628 hatte Johann Degen in Bamberg ein 4stimmiges katholisches Gesangbuch, in dem auch weihnachtliche Lieder enthalten waren, herausgegeben, das mehr als 200 Jahre lang in immer vergrößerten Auflagen dem Volksgesang der Diözese zu Grunde lag.[143]

In der vierten Auflage von 1731 schreibt Friedrich Karl, „Bischoff zu Bamberg und Würzburg, des Heiligen Röm. Reichs Fürsten, Hertzogen zu Francken, Ihro Röm. Kayserl. Majestät würcklich geheimen Conferentz-Rath, Dero und des Heil. Reichs Hof-Vize-Cantzlar, Probst des Hochadelichen Ritterstifft zu S. Alban bey Mayntz“, in einem Vorwort, daß das „teutsche Gesang-Buch nun ein geraume Zeit lang abgegangen, ja fast kein Exemplar mehr, sonderbahr bey denen gemeinen Leuten zu finden ist“. Deshalb wird für ratsam und „nothdüfftig gehalten, solches mit Beyfüg- und Verbesserung dergleichen mehrere wiederumb verneueren zu lassen“. Fürstbischof Friedrich Karl von Schönborn, der sich nicht nur durch seine Bautätigkeit einen Namen machte, sondern sich auch – in damaliger Zeit bemerkenswert – durch eine vorbildliche pastorale Tätigkeit auszeichnete[144], ordnet an: „Demnach und damit im ganzen Unsern Bist- und Fürstenthumb der lieben Jugend zum besten, förderst zu Vermehrung Gottes Lob an Sonn- und Fest-Tägen, wie auch an Bitt- und Wallfahrts-Tägen dieses sich zu gebrauchen, alle andere frembde hingegen abgeschafft hinterbleiben: Befehlen Wir hiemit all Unsern Pfarr-Verwesern, Seelsorgern, Catechiesten, Schulmeistern, Unterthanen und Pfarr-Kindern, daß hinführo ein solches Gesang-Buch und kein andere teusche Gesänger in ihren anbefohlenen Kirchen und Schulen von Alt- und Jungen, so Mann- als Weibs-Persohnen gebraucht“[145] werden sollen.

Einige der alten „Gesänger“ sollen hier zur Erbauung und zur Erinnerung an den aus Weismain stammenden Kaplan der Pfarrei St. Martin, Johann Degen, dem Initiator früher Weihnachtsspiele in Bamberg, publiziert werden. Die innigen Weisen und Texte sind es wert, auch heute gesungen zu werden.

# Geburth Christi im Traum vorgestellt

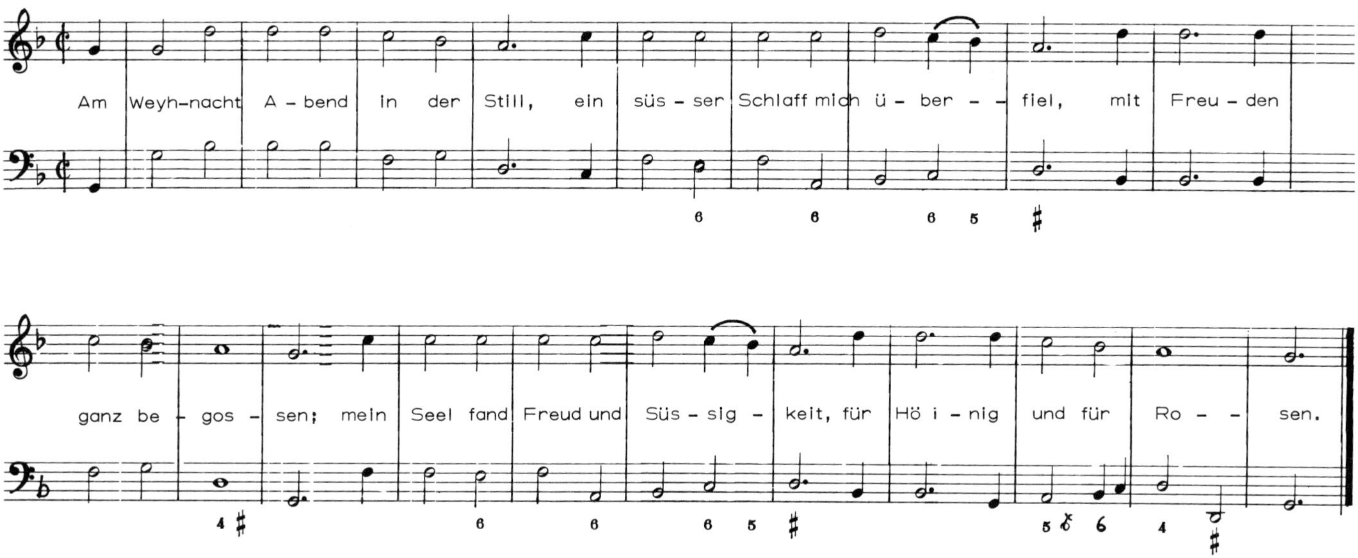


Am Weynacht Abend in der Still, ein süsser Schlaff mich überfiel, mit Freuden ganz begossen, mein Seel fand Freud und Süßigkeit, für Honig und für Rosen.

Mir träumet wie ein Engel käm, und führet mich gen Bethlehem, ins Jüdisch Land so ferne, groß Wunderding ich euch hie sing, hört zu ein neue Mähre.

In einem Stall gieng ich hinein, darinn ein Ochs und Eselein, ihr Heu beym Kripplein aßen, von edler Art, ein Jungfrau zart, kläglich bey ihnen saß.

Ein Kindlein nackend und auch bloß, saß in der edlen Jungfrau Schoos, es leuchtet als die Sonne, sein Äugelein flossen immerdar, wie lebendige Bronnen.

Das Kindelein war der gewaltig Gott, der Himmel und Erd erschaffen hat, der alle Thier bekleydet, der alles erhält, was in der Welt, kein Hülff wurd ihm erzeiget.

Sein zarte Händ und Füßelein erzitterten ihm für großer Pein, die scharpffe Kält ihn brennet, sein Angesicht wand er hin und her, ob ihn die Welt erkennet.

In arme schlechte Windelein, wikkelt die Jungfrau ihr Kindelein, thät ihn ins Krippelein legen, das war der Thron, da Salomon, sein Weißheit wollt erzeigen.

Das Öchslein und das Eselein, erkannten Gott den Herren sein, ihr Knye thäten sie biegen, sie raumten ein das Krippelein, dem Kindlein für ein Wiegen.

Freud euch ihr Christen ins gemein, und lobt das werthe Kindelein, mit Freuden solt ihrs grüßen, es will bey euch selbst kehren ein, thut ihn das Herz aufschließen.[146]

# Beruffung zur Krippen

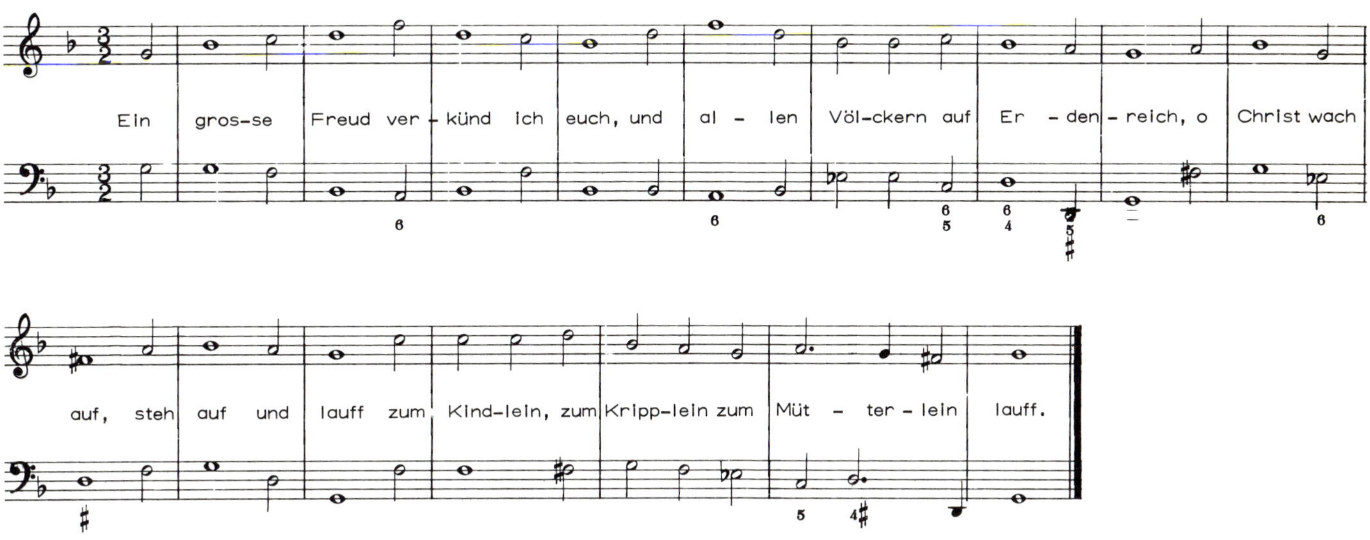


Ein große Freud verkünd ich euch, und allen Völkern auf Erdenreich, O Christ wach auf, steh auf und lauff zum Kindlein, zum Kripplein zum Mütterlein lauff.

Auff auff, keiner sich saumen soll, dann Himmel und Erden ist Freuden voll, O Christ wach auff, steh auff.

Lauffet mit den Hirten, saumbt euch nicht, der Welt Heyland wird heut geschickt, O Christ wach auff.

Das ewig Wort ist worden Fleisch, empfangen von dem Heiligen Geist, O Christ wach auff.

Bey Mitternacht ins Krippelein, kommt her zum Oechslein und Eselein, O Christ wach auff.

Auf lobet ihn mit Freudenschall, im spitzigen Heu und kalten Stall, O Christ wach auff.

Auff, auff, keiner heut trauern soll, dann Himmel und Erden seynd Freuden voll, O Christ wach auff.

Gebet Gott die Glory im Himmelreich, er giebt uns Freuden auff Erdenreich, O Christ wach auff.[147]

# Schlechter Willkomm der drey Königen

Drey König wohl entsprossen von fern aus Morgenland, kommen gantz unverdrossen, bey frembden Sternen-Brand, dem Kindlein neu gebohren, zum Opffer brachtens dar, die dreyfach außerkohren, und außerlessne Waar.

Ihr Vorbott ist ein Sternen, der sie geführet hat, viel Meil und gar von fernen, des Nachts, Tag, früh und spath, ihr Reiß geht gar geschwinde, durch Berg und tieffe Thal, wohl zu den lieben Kinde, nach Bethleh'm in den Stall.

Der Stern thut sie nun lehren, will nicht mehr gehen fort, in Stalle sie einkehren, und such'n das Kindlein dort, der Stall ist gar zerbrochen, hat weder Thür noch Thor, die Kält hat ihn durchkrochen, ja wohl ein schlechtes Orth.

Soll da ein König wohnen, kommen der König drey? mit ihren schönen Cronen, wo ist Tapezerey, wo ist der Silber-Wagen, wo köstlich Spetzerey, was wird man da auftragen, von Speissen mancherley.

Ihr König schaut den Jammer, wie gehts so elend her, da ist kein Stub noch Kammer, es ist nun alles leer, man kan euch nicht tractiren, beweisen schlechte Ehr, mit stattlichen Geschirren, jeder sein Gab verehr.

Das Kind wird es verschulden, reichlich zu seiner Zeit, müst euch mit ihm gedulten, da ist kein Lust noch Freud, weinen ist da das beste, das kein Ergötzlichkeit, Jesus wird seine Gäste, belohn'n in Ewigkeit.[150]

# Hirten-Begierd

Laßt uns gehen, und verstehen, was bedeutet dieser Schall; Laßt uns lauffen, ohn verschnauffen, biß nach Bethlehem in den Stall: Ob wir finden, was verkünden so viel liebe Engelein, ob das Kindlein, ligt im Windlein, eingefast in Krippelein.

Laßt es grüßen, ihm zu Füssen, niederfallen auf die Knie; Ihn erkennen, und Gott nennen, den erkennt das wilde Vieh: Laßt es preisen, Ehr erweisen, dem hertzliebsten Jesulein, das dort oben ewig loben, alle so im Himmel seyn.

Laßt es ehren, und uns kehren zu dem Kindlein auf dem Stroh, es erfreuen mit Schalmeyen, daß uns alle mache froh: laßt uns singen, Opffer bringen, diesem wahren Lämmelein, auß der Heerden, soll ihm werden, heut das beste Hämmelein.

Doch für allem wird gefallen, Christo dem Erlöserlein, Reu und Schmertzen, so von Hertzen, über unsre Sünd wird seyn: Laßt ihm schencken, und versencken, unser Hertz und seine Lieb, lieber geben unser Leben, als was thun, daß ihn betrüb.

Laßt ihn bitten, daß er mitten, in Gefahrt sey unser Hut, auf ihm bauen, ihm vertrauen, unser Leben, Haab und Gut: Liebes Kindlein in den Windlein, steh uns bey in aller Noth! Laß uns Armen, dich erbarmen, in dem Leben und im Tod![149]

## Freuden-Gesang

Im Stall zu Bethlehem, freu dich Jerusalem, ist uns gebohren, ein Kindlein schön und fein, von einer Jungfrau rein, wohl außerkohren.

Viel tausend Engelein kommen zum Krippelein, diß Kind zu ehren. Singen mit hellem Schall, begehren überall, sein Lob zu mehren.

Eja von Hertzen=Grund, last uns von Stund zu Stund auch mit ihn singen. Last uns dem Kindelein, dem lieben Jesulein, ein Opffer bringen.

Was soll das Opffer seyn? ein Hertz gantz pur und rein, von allen Sünden: O Lieb, nimb hin mein Hertz, und thu es ohne Schertz, in Lieb entzünden.

Das soll dein Wohnung seyn, Hertzliebes Jesulein, da solst du wohnen. Du kanst mich nicht zur Zeit, ja wohl in Ewigkeit, besser belohnen.[148]

# Krippen-Werkteil

## Anregungen und Anstöße zum Krippenbau

Krippenbau ist kein Steckenpferd, kein Hobby! Krippenbau ist verpflichtendes Apostolat. Ernsthafte Krippenfreunde können nicht oft genug diesen Satz wiederholen, und in ihrem Verbandsorgan, im „Bayerischen Krippenfreund", ist er oft genug zu lesen. In der Tat: Die Gefahr, daß aus der insgesamt doch blühenden Krippenbewegung eine Bastelbewegung werden kann, ist nicht von der Hand zu weisen. Davor soll denn auch eindringlich gewarnt werden: Die Weihnachtskrippe ist kein Spielzeug: „Wenn die Weihnachtskrippe zum Spielzeug degradiert worden ist, dann ist sie eben keine Krippe mehr."[151]

Wenn in der Familie, in der Schule oder gar schon im Kindergarten Krippen gebaut, Figuren gefertigt werden, so geschieht dies nicht nur aus Gründen der Fingerfertigkeit, des Probierens, nicht der angenehmen, nutzbringenden Freizeitbeschäftigung oder gar der rührseligen Einstimmung auf das Weihnachtsfest wegen; hier soll doch mehr erreicht werden: daß darüber nachgedacht wird über die Geschichte der Geburt Christi. Der tragende Grund der Weihnachtskrippe ist die Heilige Schrift, die in anschaulicher, ja greifbarer Weise reflektiert wird. Daß die Krippe dann auch zum „Spiel" wird, zum Darstellungsmittel der irdischen Kindheit Christi, ist nur folgerichtig.

„Nichts ist dagegen einzuwenden, wenn die Heilsgeschichte würdig gespielt wird mit dem Rüstzeug eines qualifizierten Regisseurs und durch ernst zu nehmende Schauspieler, aber nicht durch ahnungslose Schausteller, die mit ihrem kindlichen Beschäftigungsspielen Krippen zu ihrer Unterhaltung anfertigen . . .", schrieb Karl-Otto Schimpf 1968 in einem Aufsatz zum Thema: Basteln oder Bauen, wobei er betont, daß er keineswegs gegen die lieben, zu tausenden noch aufgestellten Volkskrippen Stellung nehmen möchte: „Es ist aber ein großer Unterschied zwischen einer kindlich-primitiven Naivität einer alten, von den Ahnen überkommenen Volkskrippe und einer verkitschten Spielzeugkrippe mit geschmacklosen technischen, mechanischen und elektrischen Beigaben, wie Wasserfällen und Bächen aus Stanniol, Glas-Sternen, Christbaumketten und Kugeln, elektrischen Girlanden, mit zusammengestellten Figuren verschiedener Größe, mit mechanisch bewegten Tieren bis herunter zum eingeschmuggelten Gartenzwerg."[152]

Die Krippenfreunde sind schon immer gegen solche Entgleisungen vorgegangen. Mit Recht. Allerdings hat ein strenges Kunstdiktat – wobei vor allem Erzeugnisse altbayerischer und tiroler Bild- und Krippenschnitzer als erstrebenswert hingestellt wurden – viele davon abgehalten, selbst eine Krippe zu gestalten.

Krippe ist weitgehend „Kunst des Volkes", der sich natürlich auch große Künstler verschrieben haben.

Sie ist vielschichtig, „weder allein Kunst des Volkes, noch weniger Kunst für das Volk".[153] Es gibt etliche Krippen, die von namhaften Künstlern geschaffen wurden. Aber die Hauptträger dieses liebenswerten Brauches waren eine Unzahl meist unbekannter Krippenliebhaber und sind es auch bis zum heutigen Tag geblieben. Freilich, außer der inneren Anteilnahme gehört schon etwas Talent zum Krippenbauen dazu. Es ist gewiß nicht jedermanns Sache, das Schnitzmesser zu regieren. Dem Laien bietet sich jedoch im handlichen Wachs und in den recht brauchbaren Modelliermassen ein Material an, das ihm die Erfüllung seiner Wünsche erleichtert. Ein reiches Feld findet der Laie im Gestalten der Szenerie, der Landschaft, des Stalles. Nichts anderes will dieser Werkteil bieten: Anregungen geben, Anstöße vermitteln und Vorschläge unterbreiten, die einfach nachzuarbeiten sind.

„In jedes christliche Heim eine Weihnachtskrippe" – dies haben sich die Krippenfreunde zu ihrer besonderen Aufgabe gemacht: „In einer Zeit der Verflachung schenkt die Krippe Verinnerlichung und seelische Vertiefung; in einer Zeit der Muskulaturverehrung gibt sie Pflege der seelischen Kraft, vor allem des Gemütes; in einer Zeit der Vermassung führt sie zur Besinnung auf die eigenen Werte; in einer Zeit des Materialismus predigt sie Hinwendung zum Idealen; in einer Zeit der Weltangst ist sie ein Weckruf zur Freude; in einer Zeit des Hasses weist sie hin auf die unendliche Liebe und den echten Frieden."[154]

# Figuren aus Modelliermassen

Krippenfiguren selber machen – davor schrecken viele zurück. Das muß nicht sein. In der Hobby-Industrie werden heute Werkstoffe angeboten, mit denen sich – bei einigem Geschick und Fleiß – auch Krippenfiguren gestalten lassen. Es gibt tonähnliches Material, das sich mit geringen technischen Kenntnissen verarbeiten läßt und das ohne Hitzeeinwirkung an der Luft trocknet und härtet. Hilfsmittel und Werkzeuge sind kaum erforderlich. Wir werden uns hier mit Plastika und Das-Pronto beschäftigen.

Die Knetholzmasse Plastika wird als Pulver in Packungen angeboten, das genau nach den beigefügten Gebrauchsanleitungen angerührt und geknetet wird. Es ist ein recht haltbares und geduldiges Material, mit dem man rasch zurecht kommt. Es trocknet nicht so rasch wie zum Beispiel Gips. Das kommt vor allem dem Anfänger zu Gute, da er ohne Hast arbeiten kann. Unfertige Stücke können später ergänzt oder geändert werden. Plastika trocknet an der Luft und wird sehr hart. Nach dem Erhärten lassen sich die Plastikafiguren mit Glaspapier glattschleifen wie Holz und auch an Bruchstellen leimen. Mit Deckfarben bemalt und Lack überzogen wirken sie wie geschnitzte Holzfiguren.

Ein anderes knetbares Material, mit dem ich selbst gute Erfahrungen gemacht habe, ist Das-Pronto, das es ebenfalls in Bastel- und Hobbyläden in gebrauchsfertigem und gut formbarem Zustand zu kaufen gibt.

Fertig gearbeitete Gegenstände läßt man gut austrocknen und überzieht sie mit Lack, nachdem man sie mit Deckfarben bemalt hat. Die Figuren bekommen dann keramikähnlichen Charakter.

*Plastika-Krippe*

Der Arbeitsvorgang ist bei den vorgestellten Knetmassen ungefähr gleich. Modellieren wir zunächst einmal Plastika-Figuren. Dasselbe Schema ist dann auch auf die Figuren, die wir mit Das-Pronto gestalten, anwendbar.

Man arbeitet am besten nach einem Modell, einer schönen, künstlerischen Krippenfigur oder nach Bildvorlagen. Man kann natürlich auch nach der Natur arbeiten. Anna Herlein, die viele Jahre mit dem Werkstoff Plastika umging, empfiehlt den Anfängern, zuerst ein paar Schäfchen zu modellieren, da diese am leichtesten herzustellen sind.
Für ein Schaf knüllt man ein Blatt Papier in der Längsform des Tierkörpers grob zusammen und verschnürt es fest mit Bindfaden, so daß ein harter Kern für die Figur entsteht. Darüber gibt man eine Schicht Plastika und preßt sie fest an. Dann zieht man vorn gleich die Form für Hals und Kopf aus der Masse heraus und am andern Ende das dicke Schwänzchen. Was dazwischen ist, modelliert man als liegenden Tierkörper, an den man unten die vier Beine bis übers Knie fest anlegt. Mit dem runden Ende des Modellierhölzchens, oder mit einem Streichholz, markieren wir mit leichten Stößen die Locken der Wolle ins Fell – und zwar gleich bei diesem ersten Arbeitsgang, da es sich später praktisch nicht mehr nochholen läßt. Nachdem der Kopf eine gute Form hat, Augen und vordere Kopfpartien gut eingedrückt sind, läßt man die Figur trocknen. Ohren und notwendige sonstige Ergänzungen bringen wir beim zweiten Arbeitsgang nach dem ersten Trocknen an. Für das stehende Schaf muß über den Papierkern gleich auch der Draht für die stehenden Beine gewikkelt werden. Soll das Schaf schreiten, springen oder sich mit dem Bein kratzen, so muß diese Stellung in den Draht gearbeitet sein, bevor wir beim zweiten Arbeitsgang diese Beine mit Plastika überarbeiten.[155]
Hat man nun eine gewisse Sicherheit im Gestalten bekommen, kann man sich getrost an die anderen Figuren wagen, wobei wir uns aber auch klar sein müssen über die Anlage unserer ganzen Krippe und die Stellung jeder einzelnen Figur – in ihrer Beziehung zueinander und zum Ganzen. Dementsprechend muß die Kopfhaltung, Gebärde und Fußstellung festgelegt sein – schon im Kern – bevor wir mit Plastika beginnen! Und vor allem müssen wir uns über die Proportionen des Körpers klar sein: Der Kopf mißt ein Siebentel bis ein Achtel der Körperlänge. Dazu später noch einige Erläuterungen.
Die Arbeit an den Figuren fangen wir mit den Köpfen an; erst wenn sie durchgetrocknet sind, können wir mit den Körpern beginnen. Für den Kopf rollen wir in den Händen eine kleine Portion Plastika in Ei-Form, drücken am schmalen Ende den Hals heraus, in den wir gleich einen Bleistift stecken; denn dieses Loch brauchen wir, wenn wir später den Kopf auf den Körper aufstecken müssen, aus dem dann eben auch ein solches Holz- oder Drahtstück ragt, der stabileren Befestigung wegen. Aus der Kopfmitte zwicken wir dann das Näschen, drücken mit dem Modellierholz die Stirne flach, unten am Hals das Kinn heraus und nachdem wir mit den Fingern eine befriedigende Kopfform herausgeformt, drücken wir auf beiden Seiten der Nasenwurzel mit dem stumpfen Rundholz die Augenhöhlen und mit der Schneide des Flachholzes die Mundpartie ein. Mehr nicht! Trocknen lassen! Ohren, Augen, Haare usw. kommen mit einem nochmaligen Überarbeiten erst im zweiten Arbeitsgang. Lange, hängende Haare und Kopfschleier erst zum Schluß an der sonst fertigen Figur.
Für den Körper arbeiten wir wieder einen festen Papierkern; diesmal auf ein durchgehendes Holzstäbchen, das am Hals noch heraus- und tief in den Kopf hineinragen soll. Damit der Kopf dann nicht steif, sondern anmutig geneigt auf dem Hals sitzt, muß schon beim Modellieren des Kopfes, bzw. beim Einstecken des Hölzchens diese Haltung berücksich-

Krippenfiguren aus Plastika. Von Hans-Günter Röhrig

tigt werden. Durch den Papierkern des Körpers stekken wir dann für die Arme in Schulterhöhe, für die Beine von oben nach unten, den Draht für die Gliedmaßen. Dünner, verkupferter Verpackungsdraht – für freistehende Beine doppelt gedreht. Mit Plastika arbeiten wir auf diesen stabilen Papierkern die Grundfigur. Ist diese festgetrocknet, kann man die Arme, die Kleidung und Schuhe draufarbeiten. Vorher muß der Kopf in der richtigen Haltung mittels Modelliermasse fest am Hals mit dem Körper verbunden werden.

Im letzten Arbeitsgang machen wir die Hände, stekken sie auf die Spitzen des Drahtes in der richtigen, bewegten Haltung und verbinden sie durch Plastika fest mit den Armen. Hände sind einfach wie ein kleiner Fausthandschuh zu formen, mit einem Messerchen die drei Fingereinschnitte auf beiden Seiten eindrücken – den Daumen haben wir ja schon im Fäustling –, die Fingerspitzen etwas abrunden, die Hand anstecken. Dann erst biegen wir die Finger zum Greifen.[156]

Sind die Figuren gut getrocknet – das kann schon einige Zeit dauern –, überholen wir sie nochmals, denn es kann Risse oder Schrumpfungen geben, was sich aber alles mit der Plastikamasse korrigieren läßt. Darauf sei hingewiesen: Plastika schrumpft beim Trocknen mehr oder weniger, je nachdem man Wasser zugegeben hat.[157] Ich kalkuliere dies beim Modellieren bereits mit ein und forme von vornherein etwas dicker.

Krippenfiguren, gestaltet aus „Das-Pronto“ von Hans-Günter Röhrig

Figuren aus Plastika trocknen rauh auf wie Ton. Überzieht man die Figuren mit Lack-, Gemäldefirnis, Mattlack oder Schlußfirnis, wird dieser helle ursprüngliche Farbton dunkel wie altes gebeiztes Hartholz. Sie können die Figuren aber auch fassen, indem sie sie mit Temperafarben bemalen und lakkieren.

*Gestalten mit Das-Pronto*

Die Modelliermasse Das-Pronto ist gebrauchsfertig im Beutel abgepackt, so daß ohne Vorbereitungszeit sofort mit dem Modellieren begonnen werden kann. Auf einer abwaschbaren Unterlage, einem Brettchen etwa, wird zunächst ein sich nach oben verjüngender stumpfer Kegel geknetet, der innen etwas ausgehöhlt wird. Das kann mit den Fingern oder mit einem Kochlöffel geschehen. Dann wird der Kopf geformt. Das geschieht genau so wie es am Beispiel der Plastika-Figur beschrieben wurde. Ich habe allerdings die Erfahrung gemacht, daß es sich mit Das-Pronto genauer und feiner arbeiten läßt. Auch beim Trocknen tritt ein viel geringerer Schwund ein. Der Kopf wird auf ein Holz oder einem Stück dicken Drahtes gesetzt und dem Kegel, der den Körper vorstellt, aufgesteckt und angeknetet. Ebenso werden die Arme, die wir aus zwei dünneren Rollen hergestellt haben, an den Körper angedrückt, wobei zu beachten ist, daß diese Rollen vorne dicker sein müssen, da daraus dann die Hände gestaltet werden. Diese grobe Figur wird sodann richtiggehend angezogen. Dazu wird die Modelliermasse dünn ausgerollt. Das kann man mit einem Nudelholz oder mit einer Flasche machen. Diese Teile werden dann wie Stoff um die Figur drapiert und festgedrückt, damit sie haften bleiben. In gleicher Weise wird auch mit den Haaren oder den Kopfbedeckungen verfahren. Nach dem Trocknen und Abhärten können die Figuren durch Schleifen, Feilen oder Schnitzen noch ausgebessert werden, was sich besonders bei Kopf und den Händen empfiehlt. Vor dem Bemalen mit Deckfarben grundieren wir die Figuren mit Deckweiß. Zum Schluß wird Transparent- oder Glaslack aufgetragen, nicht nur, um die Krippenfiguren gegen Verschmutzung oder Wasser zu schützen, sondern weil sie so ein leuchtend keramikähnliches Aussehen bekommen.

*Bekleidete Krippenfiguren*

Sehr ansprechend wirken bekleidete Krippenfiguren, die einfach herzustellen sind. Den Kern dieser Figu-

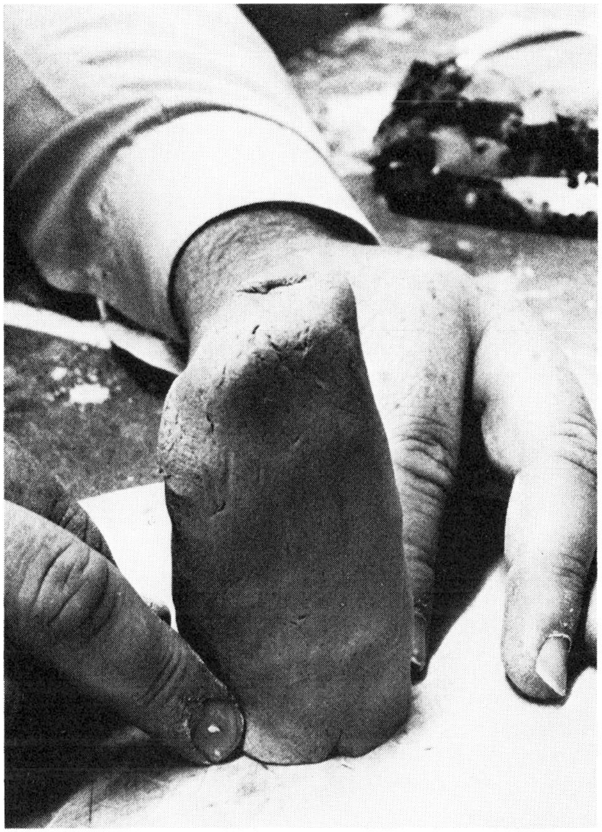

Mit Das-Pronto wird der Körper geformt

ren bildet ein Gestell aus biegsamen Kupfer- oder Eisendraht. Man kann aber auch Gliederfiguren verwenden, die es im einschlägigen Handel zu kaufen gibt. Sie bestehen aus einem Torsogestell mit Drahtseele für 18 und 20 cm große Figuren (Hersteller: Formplast Schleich & Co.) und den dazu passenden Köpfen, Armen und Beinen. Der Kunststoffkörper ist so konstruiert, daß er sich beliebig biegen und drehen läßt. Diese Kunstmasse läßt sich außerdem

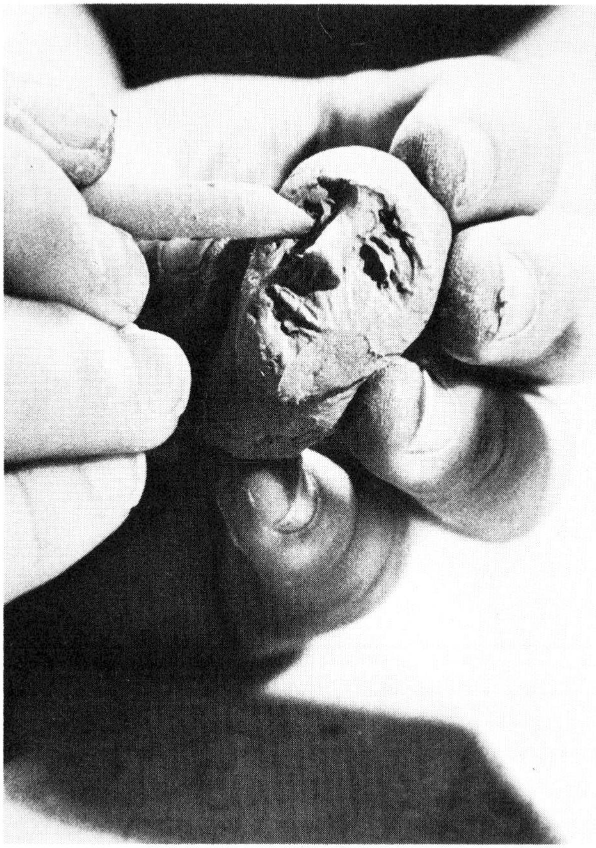

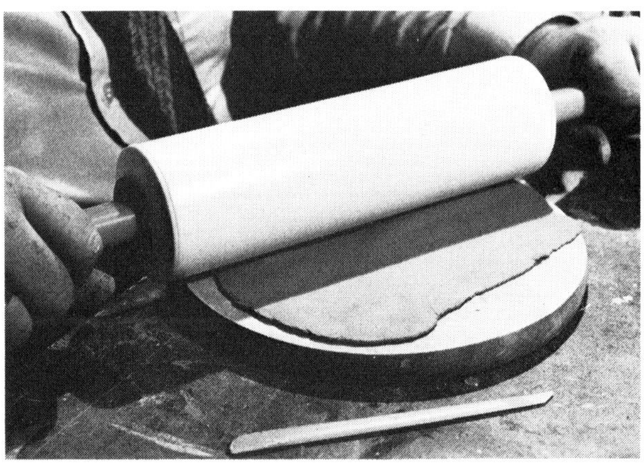

Links oben:
Gestaltung des Kopfes

Links:
Das Knetmaterial wird dünn ausgerollt

Rechts oben:
„Ankleiden“ mit dünnen Das-Pronto-Scheiben

Krippenfiguren, gestaltet aus „Das-Pronto“ von Hans-Günter Röhrig

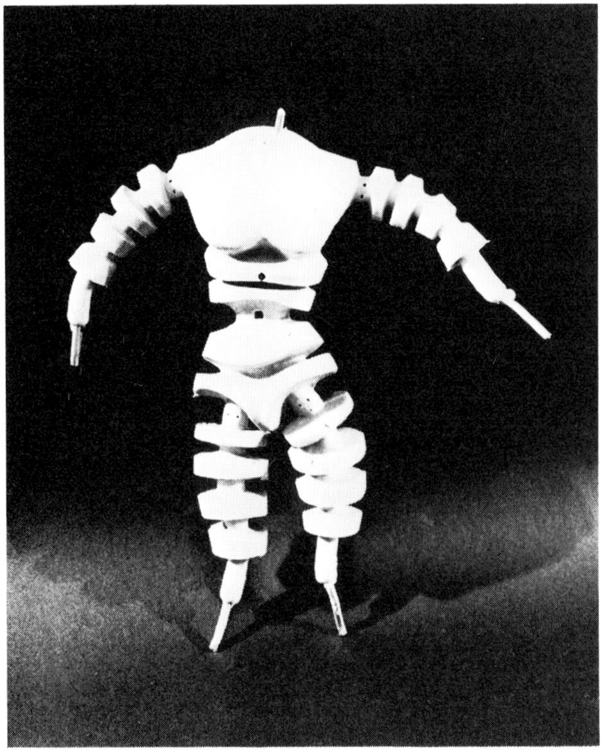

Kunststofftorso

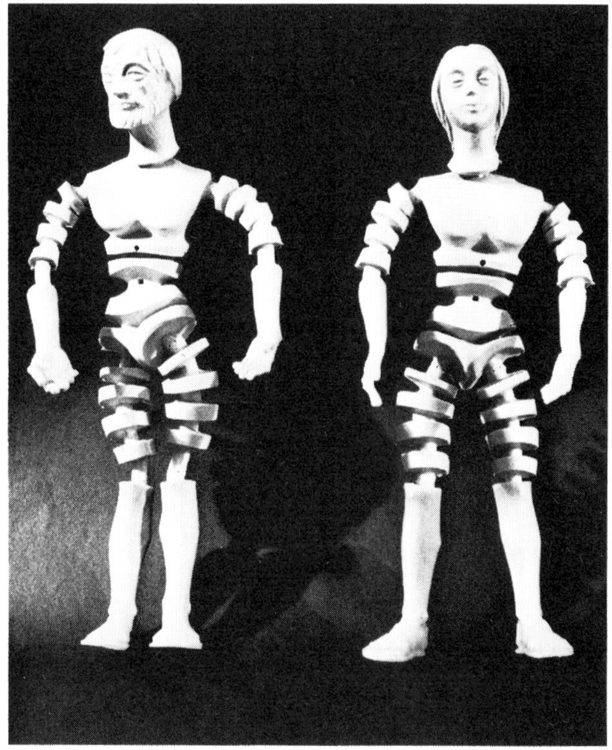

Krippenfiguren aus Kunststoff

mit einem gewöhnlichen Taschenmesser schneiden. Wer sich also nicht so viel Fingerfertigkeit zutraut, kann ruhig diese fertigen Gliederfiguren hernehmen und sie bekleiden. Wer es sich zutraut, kann natürlich auf die Köpfe und Arme verzichten und diese aus Modellierwachs oder Modelliermasse herstellen. Für denjenigen, der seine Figur selbst herstellen möchte, sei hier kurz erläutert, wie er das tun kann: Für das Gestell wird ein ausreichend langes Stück Draht – es sollte mehr als ein Drittel länger sein als die fertige Figur – benötigt, das U-förmig gebogen wird. Die unteren Enden sind die Beine. Die Arme werden am oberen, querlaufenden Teil befestigt. Dazu wickelt man den Draht in der Mitte ein paarmal um das obere Querstück. An der gleichen Stelle wird auch ein kleineres Stück Draht befestigt, das sich nach oben richtet. Hier soll dann der modellierte Kopf aufgesteckt werden. Damit die Figur aber auch stehen kann, befestigen wir auf einem scheibenförmigen Holzuntersatz zwei Stäbchen, die der Länge nach durchbohrt sind. In diese Löcher werden die beiden Drahtenden, die als Beine dienen, gesteckt.[158] Für

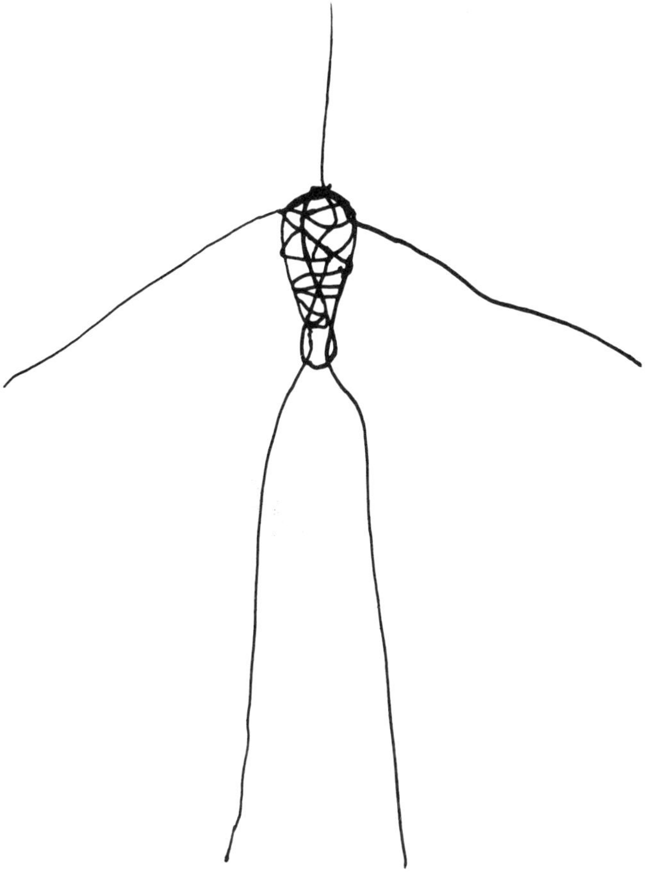

kleinere Figuren gibt es auch die Möglichkeit, die Füße mittels des Drahtes als Schlinge anzubringen, um so der Figur bessere Standhaftigkeit zu geben. Wir können auch die Fersen der Figuren mit einem feinen Drill- oder Nadelbohrer anbohren. Mit Hilfe von Drahtstiften, deren Köpfe abgezwickt werden, können die Figuren dann auf dem Boden festgesteckt werden, wobei zu beachten ist, daß die Spitze nach unten zeigt.

Das Drahtskelett muß nun mit Trikotstreifen – man kann auch Tesakrepp benützen – umwickelt werden, wobei aber darauf geachtet werden muß, daß Arme und Beine nicht ganz bis zum Ende des Drahtes umhüllt werden dürfen: Es muß noch Platz bleiben für die modellierten Arme und Beine. Man kann auch Gurtband verwenden, das vernäht werden muß. Schneidern wir dann noch aus Stoffresten eine „Haut“ über dieses Ganze, so erhalten wir einen „Balg“, ähnlich wie bei alten Kleiderpuppen. Auf die freistehenden Drahtgewinde- oder Enden schrauben wir Kopf, Arme und Beine auf. Jetzt haben wir einen brauchbaren Körper für unsere Figuren, der nicht nur leicht biegsam, sondern auch stabil ist. Das Schneidern der Gewänder und das Anziehen der

Bekleidete Figur (Engel von Max Huscher).
Aus der Krippensammlung von J. Gerner

Figuren kann nun beginnen und wird sicherlich Freude machen.
Allerdings, achten Sie darauf, daß Sie die Krippenfiguren nicht grell kleiden: Die Stoffe sollten sorgsam farblich aufeinander abgestimmt werden. Sie sollten auch, besonders bei kleineren Figuren, weder zu dick noch zu starr sein, sonst wirken diese plump und unnatürlich. Die Nähte werden meist nur geklebt oder mit Nadeln gesteckt. Die Nadeln dürfen natürlich nicht sichtbar sein. Die Erfahrung zeigt auch, daß Vernähen mit kleinen Stichen besser ist als Kleben.
Kopf und Hände können aus verschiedenen Materialien geformt werden: aus Modellierwachs zum Beispiel, aber auch aus den vorgestellten Modelliermassen.

*Kaschieren*

Eine alte Art, Krippenfiguren zu kleiden, ist das sogenannte Kaschieren. Die Kleider dieser Figuren sind aus möglichst leichten Stoffen, die zugeschnitten werden, wie sie der Gestalt auf den Leib passen. Diese Kleider werden dann in Leimwasser getaucht, der Figur angetan, auch angenäht oder gesteckt, was anzunähen oder zu stecken ist. Der Stoff läßt sich leicht und gefällig an der Krippengestalt drapieren und wenn der Leim langsam erstarrt, vorzüglich modellieren und in Falten legen. So entsteht nach dem Trocknen eine Figur, als sei sie aus Wachs oder Ton. Man kann statt des Leimwassers auch Gardinenspray nehmen und den Stoff damit bestäuben. Er läßt sich dann ebenso gut drapieren. Die kaschierten Figuren können nachträglich nach Wunsch noch farblich gefaßt werden.

Kaschierte Figuren: Heilige Familie von Elisabeth Murhard.
Aus der Krippensammlung von J. Gerner

# Von den richtigen Maßen

Der Krippenbauer und Figurengestalter wird besonders auf die richtige Proportion, das heißt auf das Zueinanderpassen der Maße, achten. So wird sich in der Regel die Größe der Krippe nach den vorhandenen Figuren richten oder umgekehrt. Auch beim Formen der Figuren ist es wichtig, daß das Verhältnis der Gliedmaßen untereinander stimmt. Man sagt, bei besonders schönen Menschen habe man beobachtet, daß das Gesicht ein Zehntel sei des Körpers von der Ferse bis zum Scheitel. Das heißt: Bei einer Krippenfigur, die 30 Zentimeter lang ist, mißt der Kopf mit dem Hals 5 cm. Die Füße sind demnach 15 cm und der Rumpf bis zum Hals 10 cm. Oder noch genauer: Kopf mit Hals sind 5 cm, vom Hals bis zur Taille sind es 5,5 cm, von der Taille bis zum Knie 11,5 cm, vom Knie bis zum Fuß 8 cm. Der Arm ohne Hand mißt von der Schulter aus 10,5 cm.

Figuren mit 30 cm Größe werden für Hauskrippen wohl kaum in Betracht kommen. Am häufigsten wird eine Figurengröße von etwa 18 cm gewählt, weil sie ein leichtes maßstäbliches Umrechnen im Maßstab 1 : 10 erlaubt. Heute gilt allgemein der Grundsatz: Der menschliche Körper mißt etwa das Siebeneinhalbfache seiner Kopflänge. Bei waagrecht ausgebreiteten Armen entspricht die Entfernung von Fingerspitze zu Fingerspitze wiederum der Körperlänge; die Breite der Schulter beträgt knapp die doppelte Kopflänge; die Beine bis zum Körperansatz messen die Hälfte der Gesamthöhe. Für unsere 18-cm-Figuren bedeutet das eine Kopflänge von 2,4 cm, eine Beinlänge von 9 cm, eine Spannweite von 18 bis 19 cm und eine Schulterbreite von 4 bis 4,5 cm. Wilhelm Döderlein, Neuorganisator der berühmten Schmederer-Krippen-Sammlung und erfolgreicher Krippenpropagator, hat eine Maßliste zusammengestellt, die dem Krippenbauer ein Umrechnen der Größenverhältnisse erspart.

Maßliste (in cm)

| Figuren von der Größe | Kopfgröße | Jesusknabe | Maßstab | 1 m = |
|---|---|---|---|---|
| 12 cm | 1,6 | 3,3 | 1:15 | 6,6 |
| 15 cm | 2 | 4 | 1:12 | 8,33 |
| 18 cm | 2,4 | 5 | 1:10 | 10 |
| 25 cm | 3,3 | 7 | 1:7 | 14 |
| 30 cm | 4 | 8,5 | 1:6 | 17 |

Der Vorsitzende der Bamberger Krippenfreunde, Jakob Gerner, hat einen „Krippenmeter“ entwickelt, der die entsprechenden Maße für den Bau von Krippen angibt. Er liest sich zwar etwas kompliziert, ist es aber durchaus nicht. Das Nomogramm ist auf große Figuren abgestimmt. Es kann aber selbstverständlich auf jede beliebige Figurengröße durch Veränderung

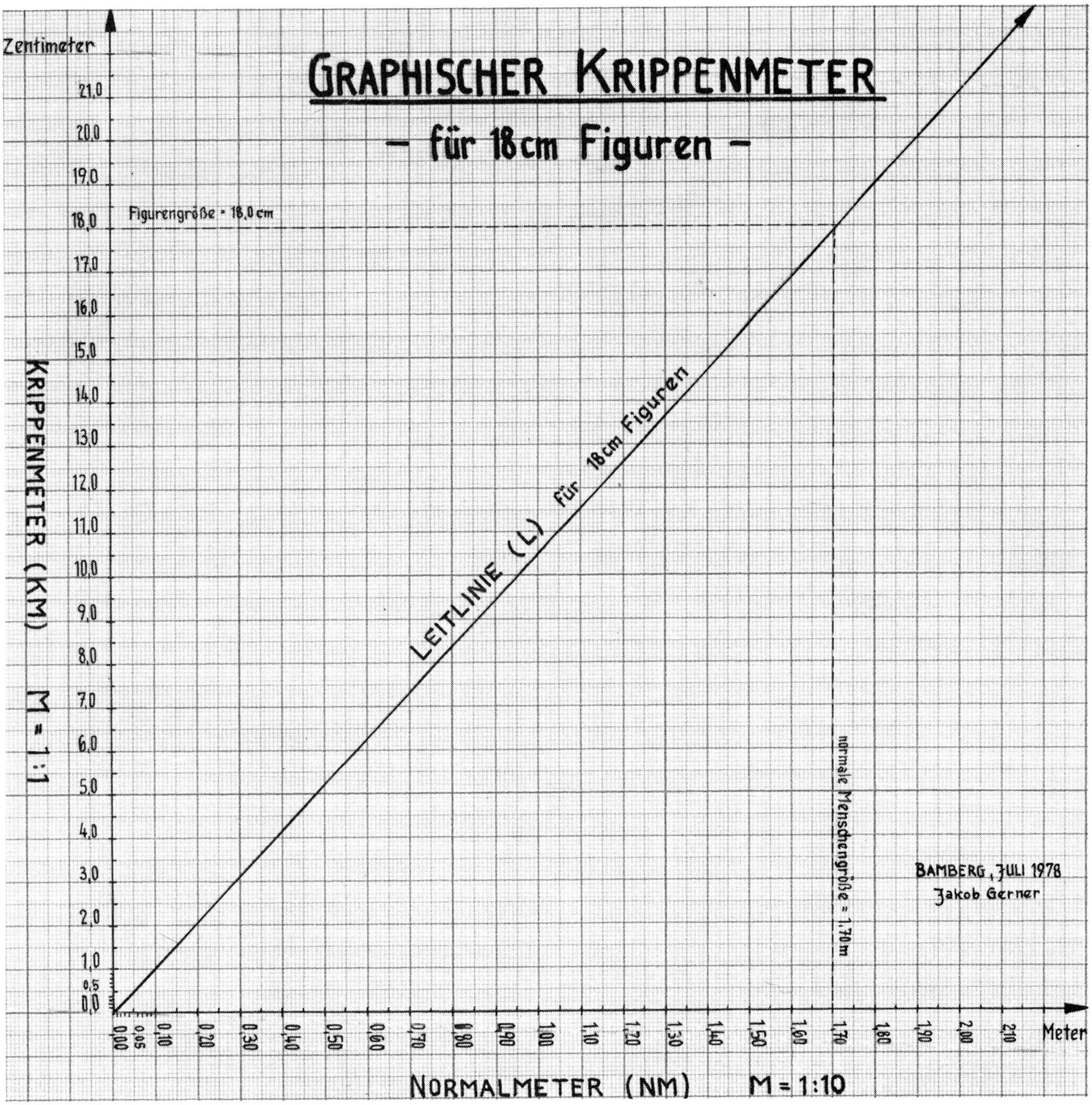
GRAPHISCHER KRIPPENMETER
– für 18cm Figuren –
Zentimeter
KRIPPENMETER (KM) M = 1:1
Figurengröße = 18,0 cm
LEITLINIE (L) für 18cm Figuren
normale Menschengröße = 1,70 m
BAMBERG, JULI 1978
Jakob Gerner
NORMALMETER (NM) M = 1:10
Meter
0,0 0,5 1,0 2,0 3,0 4,0 5,0 6,0 7,0 8,0 9,0 10,0 11,0 12,0 13,0 14,0 15,0 16,0 17,0 18,0 19,0 20,0 21,0
0,00 0,05 0,10 0,20 0,30 0,40 0,50 0,60 0,70 0,80 0,90 1,00 1,10 1,20 1,30 1,40 1,50 1,60 1,70 1,80 1,90 2,00 2,10

der Leitlinie abgeändert werden. Wir haben bewußt dieses Beispiel genommen, weil die fränkische Krippe, die hier noch vorgestellt wird, auf 18 cm große Figuren abgestimmt ist.
Auf einem Millimeterpapier werden zwei zueinander senkrecht stehende Geraden im Punkt 0 aufgetragen. Die waagrechte Gerade (Waagrechte) stellt den Normalmeter (NM) dar und wird im Maßstab 1:10 in Dezimeter unterteilt, während die senkrechte Gerade (Senkrechte) im Maßstab 1:1 eine Zentimetereinstellung erhält und den sogenannten Krippenmeter (KM) bedeutet.
Laut wissenschaftlichen Untersuchungen soll die normale Durchschnittsgröße eines Menschen bei 1,70 Meter liegen. Dieser Wert liegt der graphischen Darstellung („Krippenmeter“) zugrunde. Auf der Waagrechten (NM) wird beim Maß 1,70 m eine Parallele zur Senkrechten (KM) und auf der Senkrechten (KM) beim angenommenen Figurengrößenmaß (hier im Beispiel 18 cm) eine weitere Parallele zur Waagrechten (NM) gezogen. Beide Parallelen schneiden sich im Punkt (S). Die zeichnerische Verbindung zwischen Nullpunkt und Punkt (S) ergibt die sogenannte Leitlinie (L) für unseren Krippenmaßstab. Mit Hilfe dieser Leitlinie (L) kann das Verhältnis jedes der einzelnen natürlichen Maße zum Größenmaß der vorgegebenen Figurengröße auf der Senkrechten (KM) abgelesen werden.

Dazu einige praktische Beispiele:

1. Normale Höhe eines Stuhlsitzes beträgt 0,46 m
2. Normale Höhe eines Tisches beträgt 0,78 m
3. Normale Höhe eines Festersimses beträgt 1,00 m
4. Normale Höhe einer Fensterhöhe beträgt 1,20 m
5. Normale Höhe einer Türhöhe beträgt 2,00 m
6. Normale Höhe einer Türbreite beträgt 0,85 m

Auf der Senkrechten (KM) entsprechend abgelesen ergibt für:

1. = 4,8 cm
2. = 8,2 cm
3. = 10,5 cm
4. = 12,6 cm
5. = 21,0 cm
6. = 8,8 cm

Zu diesen Ergebnissen sind wir so gekommen: Auf der Waagrechten (NM) wird beim Normalmaß 0,46 m eine Parallele zur Senkrechten (KM) bis zum Einschnitt in die Leitlinie (L) gezogen. Der Einschnitt ergibt Schnittpunkt ($S^1$). Durch Schnittpunkt ($S^1$) wird nunmehr eine weitere Parallele zur Waagrechten (NM) bis zum Einschnitt in die Senkrechte (KM) gezogen. Der Einschnitt in die Senkrechte zeigt das gesuchte Krippenmaß 4,8 cm an. Die angeführten Beispiele und alle weiteren Normalmaße lassen sich in der gleichen Weise herleiten.[159]

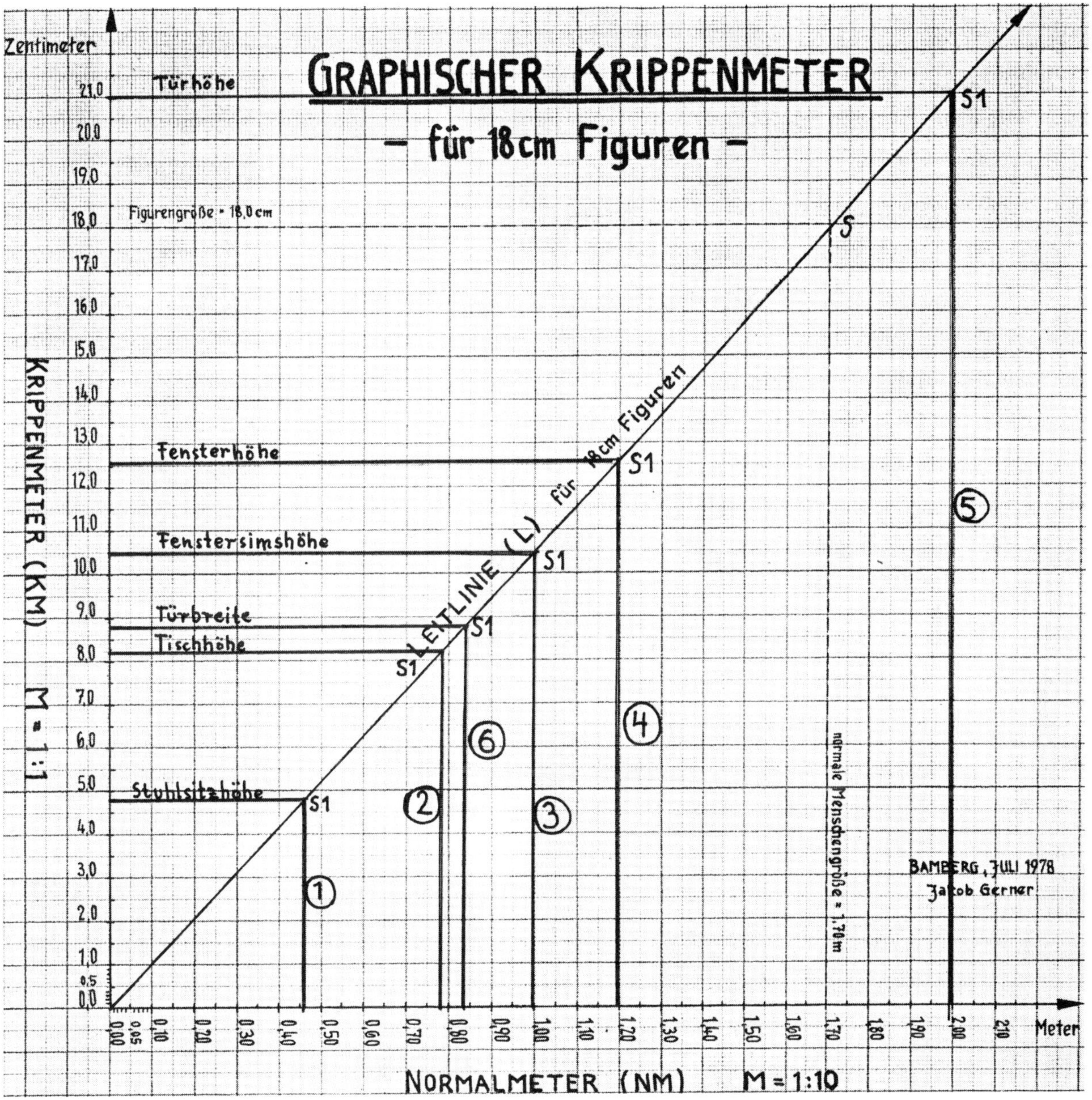
GRAPHISCHER KRIPPENMETER
– für 18cm Figuren –
Zentimeter
Türhöhe
Figurengröße = 18,0 cm
Fensterhöhe
Fenstersimshöhe
Türbreite
Tischhöhe
Stuhlsitzhöhe
KRIPPENMETER (KM) M = 1:1
LEITLINIE (L) für 18cm Figuren
S1
S
normale Menschengröße = 1,70 m
BAMBERG, JULI 1978
Jakob Gerner
Meter
NORMALMETER (NM) M = 1:10

# Fränkische Hauskrippe

Unsere fränkische Hauskrippe paßt eigentlich in jeden Winkel, so daß sie auch in Wohnungen mit wenig Platz aufgestellt werden kann. Durch den Verzicht auf einen weiträumigen Aufbau mit Hindergrund wie Felsszenerien und Bäumen und auf eine zahlreiche Figurenschar wird auf das Eigentliche und Wesentliche des Weihnachtsfestes hingewiesen: auf das heilige Paar mit dem Kind.
Maria und Josef in der Größe von 18 cm haben wir mit einer historischen fränkischen Tracht, der eines Bamberger Gärtnerpaares, bekleidet. Die Schnitte sind diesem Buch beigegeben, so daß die Kleidung leicht nachgeschneidert werden kann. Entstanden ist eine Heimatkrippe, die durch ihren eigentümlichen Reiz den Betrachter anzurühren vermag.
Ein Bodenbrett (45 : 80 cm) bildet die Unterlage für das Krippenhaus. Zum Bau benötigen wir vier 9 mm starke Spanplatten in der Größe 45 : 20 cm; das sind die Seitenfronten. Diese müssen noch abgeschrägt werden. (Die Maßangabe entnehmen Sie bitte der Zeichnung!) Für die Vorderseite schneiden wir zwei Spanplatten (35 : 30 cm) zu. Um dem Haus einen festen Halt zu geben, bringen wir an der Hinterfront noch Brettchen an und zwar in den Maßen 10 : 34 cm (2mal) und 10 : 24 (1mal). Für das Dach brauchen wir zwei Sperrholzbretter (28 : 35 cm) und ein drittes in den Maßen 28 : 28 cm.
Bevor diese Teile zusammengeleimt und genagelt werden, müssen auf der Vorderfront Fenster und Türe ausgeschnitten und das Fachwerk angebracht werden. Für das Fachwerk verwenden wir schmale Holzleisten (10 : 2 mm), die auf die Spanplatten (Vorderfront und Seitenteile) geleimt und mit dünnen Drahtnägeln befestigt werden. Die Türe aus Sperrholz hat eine Höhe von 19 cm und eine Breite von 7,5 cm, das Fenster ist 6,5 : 9 cm. Die Abstände zwischen den einzelnen Holzleisten betragen auf der rechten Seite des Hauses von links nach rechts: 10 cm, 6,5 cm (hier ist das Fenster), 5 cm, 7,5 cm (Türe) und 6 cm; auf der linken Seite ebenfalls von links nach rechts: 9,5 cm, 6,5 cm (auch hier ist ein Fenster), 8,5 cm und nochmals 8,5 cm. Die Höhe ist überall gleich: 30 cm. Die Querhölzer haben jeweils einen Abstand von 10 cm.
Ist nun das Haus aus den einzelnen Teilen zusammengefügt und das Sperrholzdach befestigt, stemmen wir mit einem 12 mm Rundeisen aus einem festen Karton die Ziegeln. Dazu schneiden wir zuerst 50 Streifen (34 : 25 cm) zu, bevor die Rundungen angebracht werden, die man bei einiger Geduld auch mit der Schere herstellen kann. Die Streifen werden dann auf das Dach aufgeklebt und nach dem Trocknen mit braun-rötlicher Deckfarbe bemalt. Das Dach selbst ruht auf elf, 28 cm langen Dachbalken (Kanthölzer 10 : 10 mm).
In die Mitte des Hauses setzen wir eine Remise,

deren lichte Höhe 21 cm ausmacht. Die Pfosten sind kräftige Kanthölzer (12 : 12 mm), die von unten in die Bodenplatte verschraubt werden. Das Dach (25 : 25 cm) liegt ebenfalls auf einer Balkenkonstruktion aus Kanthölzern und wird genauso wie beim großen Dach mit Kartonstreifen, die in Ziegelform zugeschnitten worden sind, beklebt. Ist die Hauskrippe auf dem Grundbrett mit Leim und Nägeln befestigt, werden die Holzleisten, die das Fachwerk darstellen, gebeizt und in den Zwischenräumen Putz mit der Spachtel oder dem Pinzel aufgetragen. Dazu verwenden wir Krippenmörtel. Wie wir diesen Mörtel herstellen, wird weiter unten erklärt.

Die Fenster sind aus kleinen Leisten zusammengesetzt. Sie werden mit Klarsichtfolie hinterlegt. Wer will, kann zuletzt noch Gardinen anbringen.

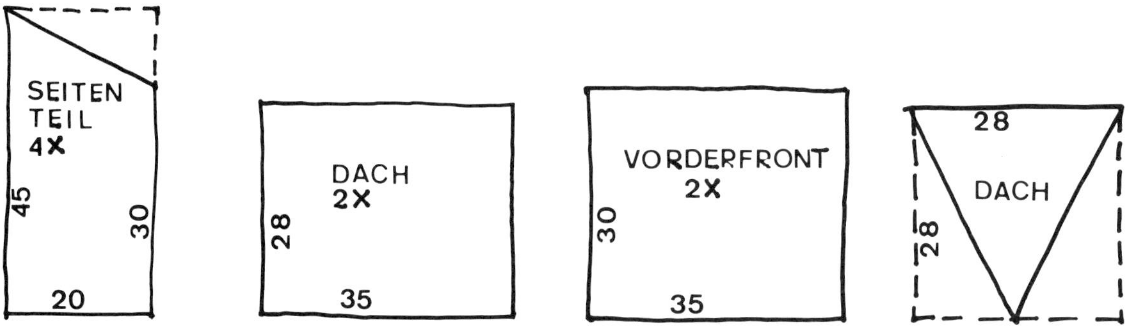


Ist die Verputzmasse gründlich durchgetrocknet, grundieren wir die Mauerteile. Dazu tragen wir weiße Dispersionsfarbe, die mit einem Grauton vermischt wird, auf. Um diese Tönung zu erhalten, rühren wir etwas Umbra natur und etwas Schwarz in Wasser an und geben soviel der Dispersionsfarbe zu, bis man den gewünschten hellen Grauton erhält. Wenn die Grundierung trocken ist, kann die eigentliche Bemalung vorgenommen werden. In eine größere Dose gibt man Wasser, in das wir gewöhnliche Pulverfarben und zwar Umbra natur, vielleicht noch etwas Siena gebrannt oder Ocker hell, rühren. Als Bindemittel verwenden wir Leimwasser (1 : 10). Zu beachten ist, daß der Inhalt der Dose nur ein dünnes geleimtes Farbwasser ist. Die Farbe darf nicht dick sein, sie muß lasieren, also so durchsichtig sein, daß der Untergrund durchscheinen kann. Damit überstreichen wir – wir benützen einen flachen Borstenpinsel – das Gemäuer. Ist alles überpinselt und die Farbe etwas angetrocknet, nimmt man einen nassen Schwamm, drückt ihn etwas aus und wischt damit über die hohen Stellen, wischt also wieder Farbe ab. Der Schwamm muß immer wieder sauber ausgeschwemmt werden. Durch das Abwischen kommen die hohen Stellen mehr oder weniger hell zum Vorschein; in den Vertiefungen bleibt die Farbe dunkel liegen. Ebenso verfahren wir mit der Bodenplatte. Unser fränkisches Krippenhaus hat nun ein solides, etwas altertümliches Aussehen bekommen.

*Krippenmörtel*

Um *Mörtel* für Gebäude und Mauern herzustellen, brauchen wir Grundkreide (Schlemmkreide), Kaltleim (Ponal) und grobes Sägemehl. Wir machen den Mörtel in einer Konservendose an und geben dazu 500 bis 600 g Grundkreide hinein. Dazu kommt noch etwa 3/8 l verdünnter Kaltleim. (Der Leim wird mit kaltem Wasser so stark verdünnt, bis dieser wie starksahnige Milch aussieht.) Alles wird nun knollenfrei durchmischt und nach und nach mit grobem Sägemehl vermengt, so lange, bis eine gut verstreichbare Masse entsteht. Es ist allerdings darauf zu achten, daß die Teile, die mit diesem Mörtel verkleidet werden, zuvor mit einem ganz schwachen Leimwasser bestrichen werden. Der Mörtel wird ganz dünn aufgetragen. Sind bei einem Mauerteil durch Filz,

Kork oder Rinde Ziegelsteine angebracht, um den Effekt einer abbröckelnden Mauer darzustellen, muß der Mörtel in entsprechender Stärke aufgespachtelt werden.

Für die *Verstreichmasse,* die hauptsächlich für Berge und Gelände verwendet wird, benötigen wir wiederum Grundkreide (Schlemmkreide) und Kaltleim (Ponal). Dazu noch Schleifmehl, das bei Schreinern mit Bandschleifern erhältlich ist. Diese Masse wird auf die gleiche Weise wie der Krippenmörtel vorbereitet; nur wird jetzt nicht Sägemehl, sondern Schleifmehl verwendet. Soviel Schleifmehl einmengen, bis man einen dünnen Teig hat. Risse und Fugen werden mit Leimwasser bestrichen und dann die Verstreichmasse mit den Fingern hineingedrückt. Auch der übrige Krippenboden wird mit dieser Masse dünn überzogen.

Und an Gebäuden und Mauern *Bachsteine* (Natursteine oder Sandsteine) anbringen zu können – wir werden sie beim Bau der Tiroler Krippe und der fränkischen Stallkrippe brauchen –, müssen wir kleine Steinchen formen. Dazu verwenden wir Verstreichmasse, setzen aber noch soviel Schleifmehl hinzu, daß sie wie ein Strudelteig geknetet werden kann. Nun formt man die Steinchen und klebt sie mit Kaltleim an die Häuserwände oder Mauern.

# Alpenländische Heimatkrippe

Die alpenländische Krippe ist einer Sennhütte nachempfunden, so wie sie auch heute noch im Alpenland, vornehmlich in Tirol, anzutreffen ist. Sie ist in ihren Maßen für 8 cm große Figuren gedacht. Auf unserem Foto sind vollgeschnitzte und farblich gefaßte Krippenfiguren aus dem Grödner-Tal zu sehen. Darauf sollte man wirklich Wert legen: für diese Art von Heimatkrippen die dazu passenden Figuren anschaffen, auch wenn sie vielleicht etwas teuer sind. Aber man kann ja mit einer ganz kleinen Gruppe beginnen und von Jahr zu Jahr etwas dazu erwerben. Selbstverständlich kommen auch Figuren aus der Rhön, dem Bayerischen Wald oder aus Oberbayern in Frage.

Auch bei dieser Krippe dient eine Spanplatte als Unterlage (35 : 50 cm). Aus Weichfaserplatte bestehen auch die Teile, die als verputzte oder gemauerte Hauswände gebraucht werden: eine Rückwand (25 : 35 cm); für den Wohnraum zwei Teile in den Maßen 16 : 10 cm und eine Vorderfront (10 : 11 cm). Für den Stall auf der rechten Seite benötigen wir ein Brett 10 : 11 cm (Seitenfront) und eines in den Maßen 10 : 9 cm (Vorderansicht). Diese Teile werden zusammengefügt.

Nun kann mit den Holzaufbauten begonnen werden. Der Stadel ist in Vierkantblockbau ausgeführt. Als Material benötigen wir 9 : 9 mm Vierkanthölzer, insgesamt ungefähr fünf Meter. Für die linke Seite der Dachkonstruktion nehmen wir drei Vierkanthölzer von 28 cm und eines von 22 cm Länge, für die rechte Seite drei Kanthölzer in 20 cm Länge. Diese Balken ruhen auf einem 16 cm langen Firstbalken, der wiederum auf einer 12 cm langen Abstützung ruht. Die Balken für den Blockbau über dem Wohnraum (je dreimal 10 Stück) sind an den Ecken miteinander verzinkt: der Längsbalken wird etwa zur Hälfte ausgeschnitten, so daß der quer darüber liegende Balken genau in diese Vertiefung eingefügt werden kann. Dieser Querbalken wurde ebenfalls zur Hälfte ausgeschnitten. Zu beachten ist, daß an den Ecken die Enden der Quer- und Längsbalken etwas weiter vorstehen.

Damit die Balken ein altes Aussehen bekommen, werden sie über einen Gasbrenner gehalten, bis sie richtig bräunlich-schwarz aussehen und dann mit einer Stahlbürste in Längsrichtung abgebürstet. Man kann die Vierkannthölzer aber auch beizen, was zwar nicht den gleichen Effekt bringt wie beim Brennen, aber doch genügt.

Die Innenseite des Heubodens wird mit Brettchen verschalt. Dann paßt man das Dach an, für das wir ein Sperrholzbrett in der Größe 30 : 32 cm (linke Seite) und eines in den Maßen 22 : 17 cm (rechte Seite) benötigen. Das Dach befestigen wir aber noch nicht, sondern bekleben es erst mit Schindeln. Dazu nehmen wir ein leicht spaltbares Holz (Fichte). Das

Brett hat eine Dicke von 1,5 cm. Davon schneiden wir in Längsrichtung mehrere 3,5 cm breite Streifen ab. Der einzelne Streifen wird quer in einer Stärke von ca. 2 mm mit dem Messer abgespaltet. Man sollte auch nicht den Kamin vergessen, der gemauert ist.

Die Vorderseite des Dachbodens verkleiden wir mit Brettchen. Hier können wir auch eine Türe anbringen.

Jetzt muß noch die untere Hälfte der Sennhütte verputzt werden. Die Wände des Wohnraumes (linke Seite) werden mit Mörtel verputzt und der Stall (rechte Seite) mit Bachsteinen, die wir aus Verstreichmasse geformt haben, verkleidet. Ebenso wird der Sockel mit Steinchen versehen. Wir gehen dabei genau so vor, wie es am Beispiel der fränkischen Hauskrippe beschrieben ist.

Nun wird das Dach auf die Balkenkonstruktion

Schindeldach der alpenländischen Krippe (Modell)

geleimt und mit dünnen Drahtnägeln befestigt. Vielleicht ist es gut, das Dach einige Stunden noch zu beschweren. Ist es fest, werden mit dem Gasbrenner die Schindeln gebrannt. Man kann aber auch ebenso gut Beize nehmen. Die farbliche Fassung der Krippe ist genau die selbe wie bei unserer fränkischen Hauskrippe.

Das Gelände wird in ähnlicher Weise behandelt. Wir können noch kleine Felspartien aus Styropor aufsetzen, die ebenfalls mit Verstreichmasse überzogen und grundiert werden. An Farben – wir nehmen gewöhnliche Pulverfarben – brauchen wir noch Umbra natur, Siena gebrannt, Ocker gelb, Weiß, Schwarz, Kalkgrün, Kalkgelb und etwas Rot. Wir schütten diese Farben auf ein größeres Stück Hartfaserplatte oder auch auf eine Blechplatte, wobei man einen Platz freiläßt zum Farbenmischen. In eine Dose gibt man etwas Leimwasser, in das man den Pinsel taucht. Dann tupft man mit dem nassen Pinsel etwas von der gewünschten Farbe auf und vermischt die Farbe mit dem Leimwasser auf dem freigelassenen Platz und bemalt damit die Felspartien.

Nun kommen die Grasflächen an die Reihe. Dazu verrührt man in einer Dose Kalkgrün, Ocker hell und etwas Siena gebrannt mit Leimwasser: es soll ein sanftes Moosgrün werden. Mit dieser Farbe übermalen wir alle Grasstellen, Felsvorsprünge, bemooste Steine. Ist das getan, mischt man etwas Kalkweiß dazu und reißt kurz damit über das Grün. Ist die eine oder andere Partie zu grell oder zu dunkel geraten, dann schnell mit dem nassen Schwamm darüber und abwischen. Sollte die Bemalung nicht ganz zur Befriedigung ausfallen, nicht verzweifeln, sondern noch einmal versuchen.

# Einfach, aber von starker Wirkung: die Stallkrippe

Einfach, aber von starker Wirkung ist die Stallkrippe, die hier vorgestellt wird. Jedes überflüssige Beiwerk ist vermieden. Bewußt wurde diese Krippe einfach gehalten. Eine Tenne, ein Stall mit einem Heuschober darüber – das ist der Schauplatz einer Hirtenanbetung. Auch die Handlung ist einfach, innig: die Heilige Familie, ein Hirte oder ein Bauer, vielleicht ein Kind, einige Schafe und Ziegen genügen. Ein Brunnen oder gar ein Hirtenfeuer aus roten Glasscherben passen nicht zu unserer Krippe. Es soll nur das Wesentliche ausgesagt sein: das Wunder der Heiligen Nacht, umgesetzt in unsere Heimat, mit viel Ehrfurcht, weil wir wissen, daß letztlich die Menschwerdung Christi ein Geheimnis bleibt. Davon soll unsere Krippe etwas ahnen lassen.

Unsere Stallkrippe, zu der 18 cm große Figuren passen, kann zügig in kurzer Zeit gebaut werden. Sie ist einfach konstruiert, so daß auch schon größere Kinder oder junge Heranwachsende sie – vielleicht unter tätiger Mithilfe des Vaters – nachmachen können.

Als Bodenbrett nehmen wir eine 8 mm starke Spanplatte (40 : 50 cm). Aus dem selben Material schneiden wir auch die einzelnen Teile zu: für den Stall mit darüber liegendem Heustadel ein Brett in den Maßen 33 : 12 cm. Das ist die Vorderfront. Hier bringen wir auch gleich Öffnungen für die Tür (19,5 : 8,5 cm) und für die Dachluke (6,0 : 6,0 cm) an. Die beiden

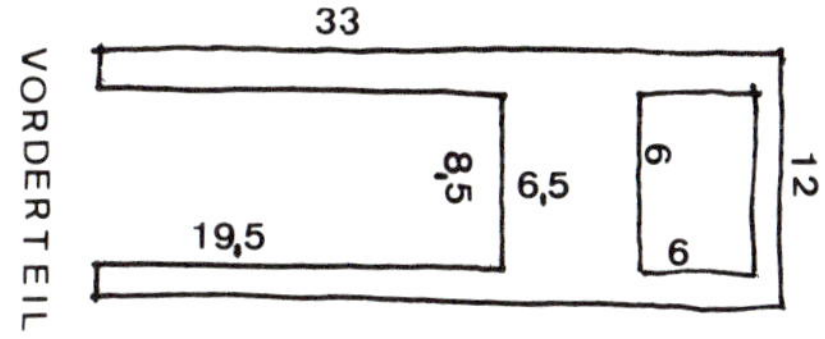

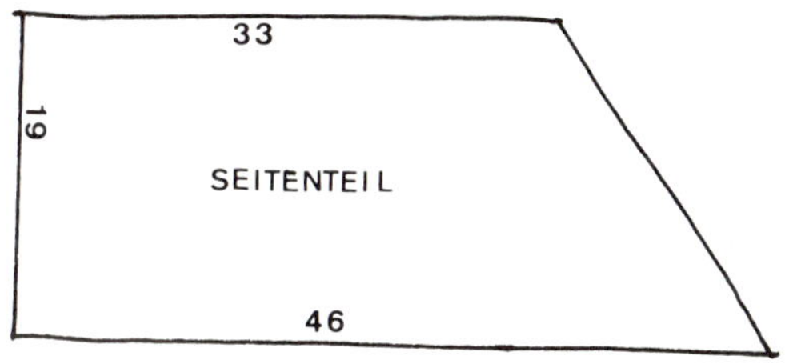


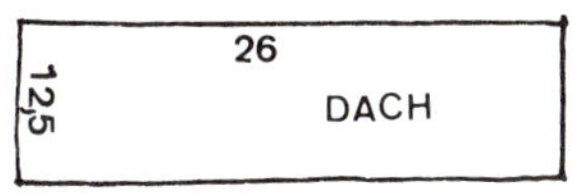

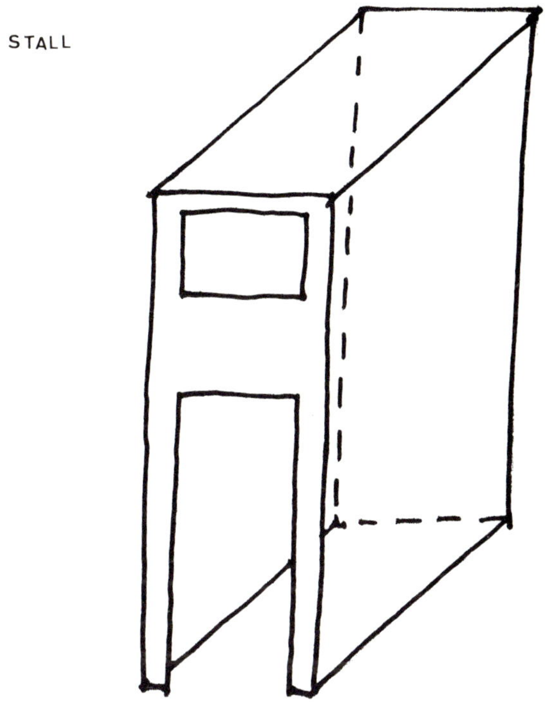


Seitenteile sind gleich: 46 : 19 cm, wobei allerdings die Schräge des später draufzusetzenden Daches bedacht werden muß, so daß eine Seite nur 33 cm hoch ist (siehe Zeichnung). Die Rückwand ist 40 : 12 cm und die Dachplatte 26,0 : 12,5 cm. Diese Teile leimen wir zusammen und nageln sie. Etwas über der Türöffnung ziehen wir eine Zwischendecke ein (10,0 : 18,5 cm), die auf zwei Balken (Vierkanthölzer 12 : 12 mm) liegen und eine Länge von 10 cm haben. Die Rückwand der Tenne mißt 40 : 30 cm, die Seitenwand dazu 37 : 9,5 cm. Auch hier ist die Dachschräge zu beachten, so daß vorne das Brett nur noch 30,5 cm hoch ist. Diese Teile leimen und nageln wir ebenfalls zusammen.

Nun erstellen wir die Balkenkonstruktion. Wir verwenden Vierkanthölzer (18 : 18 cm und 15 : 15 cm), die wir zuvor entweder mit dem Gasbrenner behan-

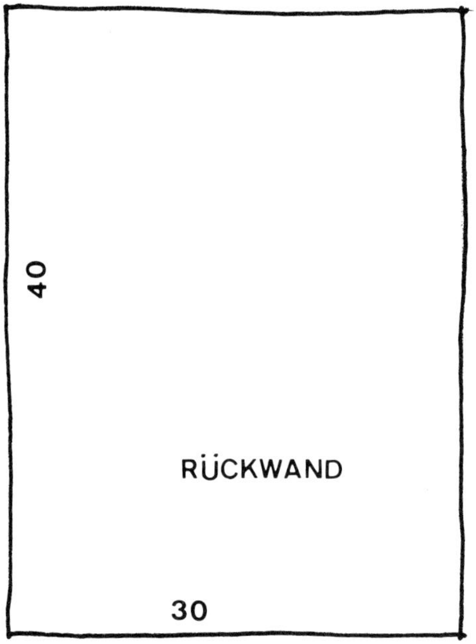


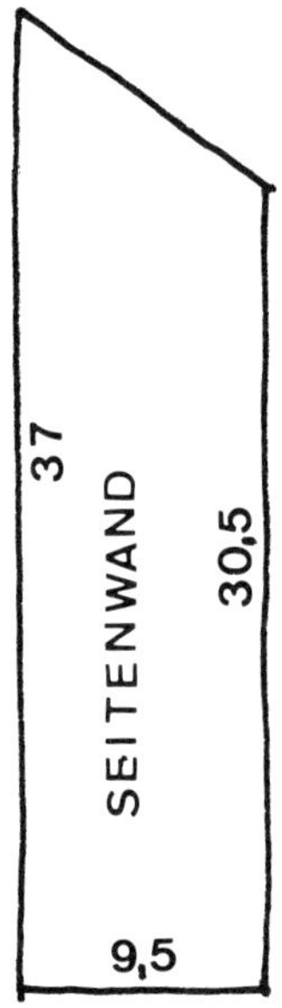


TENNE

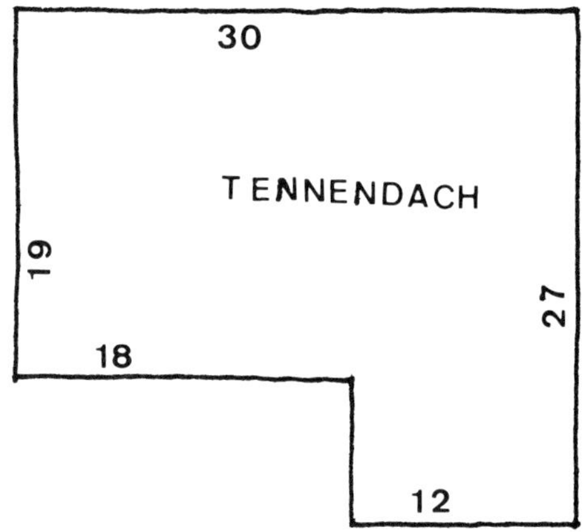


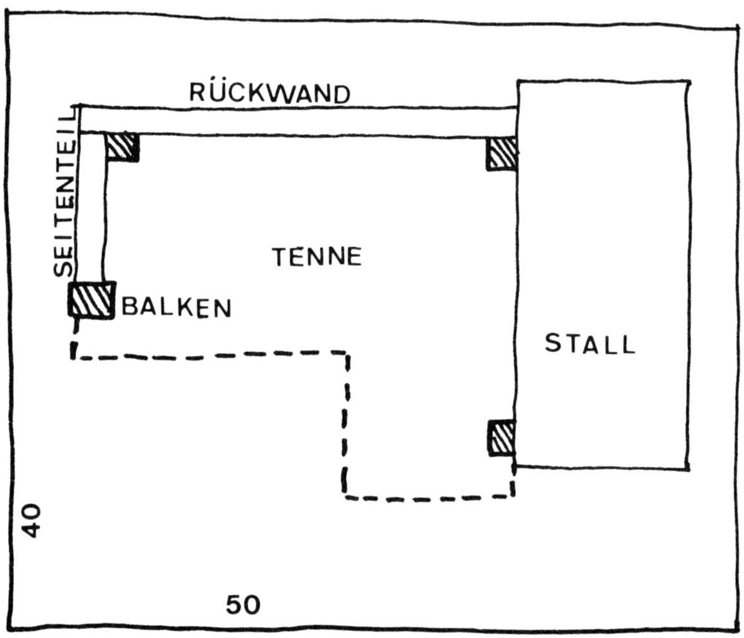


GRUNDRISS

deln und mit der Stahlbürste in Längsrichtung abbürsten oder aber beizen. Die Querbalken in Stärke 15 : 15 mm leimen und nageln wir in 30 cm Höhe an die linke Seitenwand und auf die Rückwand der Tenne. In der linken und rechten Ecke in der Tenne befestigen wir diesmal senkrecht ebenfalls Vierkanthölzer. Auf die abgeschrägte obere Kante des Seitenteiles der Tenne leimen wir auch einen Balken, der etwas weiter vorragt und dem wir mit dem Messer an der Vorderseite ein Profil durch einfaches Einkerben gegeben haben. Für die senkrechten Balken an der Vorderfront der Tenne links und rechts unter dem Schleppdach nehmen wir 25 : 25 mm starke Vierkanthölzer, deren lichte Höhe 30 cm beträgt. Die Kanten dieser Balken werden unregelmäßig mit dem Messer abgestumpft. Auf die Balken unter dem Dach leimen wir schmale Holzleistchen (15 und 20 mm breit), die ebenfalls gebrannt oder gebeizt wurden und schließen somit die Tenne oder Remise nach oben ab. Für das Dach benützen wir ein 2 oder 3 mm starkes Sperrholz (Maße siehe Zeichnung).

Wir wenden uns jetzt der Herstellung der Ziegeln zu. Dazu brauchen wir zwei Streifen Balsaholz (10 : 100 cm) in Stärke von 1,5 mm. Wir unterteilen jedes Brett in fünf Teile in der Breite, was jeweils Streifen in 2 cm Breite ergibt. Diese Streifen schneiden wir nochmals in 25 Teile, diesmal aber in der Länge; das ergibt dann Blättchen in der Größe von 2 : 4 cm. Von jedem Stück schneiden wir an einem Ende rechts und links mit der Schere jeweils ein kleines Dreieck von 1,5–2 mm ab. Mit mittelkörnigem Glaspapier runden wir diese Ecken ab und erreichen so eine ziegelähnliche Form. Bevor wir diese Ziegel auf das Dach anleimen, flachen wir sie mit dem Messer am unbehandelten oberen Drittel etwas ab. Wir erzielen damit eine bessere Lage auf dem Dach. Wir brauchen noch ca. 26 halbe Ziegel und halbieren deshalb 13 Ziegel einfach der Länge nach. Außerdem schneiden wir noch ca. 21 halbe Ziegel in der Breite für den Dachabschluß zu. Dann wird die erste Reihe Ziegel angelegt: wir beginnen am äußeren Rand des Daches mit einer halben Ziegel, der dann wieder ganze Ziegel folgen. Das ist bei jeder Reihe so. Die Ziegel werden von unten nach oben angeleimt. Die erste Reihe soll das Dachbrett 2 bis 3 mm überstehen. Die nächsten Ziegelreihen werden immer in 2 cm Abstand zu den vorigen Ziegeln gelegt und zwar so, daß sie stets über der Naht der unteren Ziegeln aufliegen. Sollten die Ziegel am Ende der Reihe überstehen, trotzdem aufleimen, und später nach dem Trocknen einfach das, was zuviel ist, mit einem scharfen Messer wegschnitzen. So erhalten wir eine saubere Führung.

Jetzt fertigen wir die Dachluke und die Stalltüre. Die Dachluke ist 7 : 7 cm groß. Auf zwei Brettchen leimen wir etwa 15 mm breite Holzleistchen, die vorher entweder mit dem Gasbrenner gebrannt oder gebeizt werden müssen. Darauf setzen wir zwei Querbretter und ein Stützbrett dazwischen. Die unterteilte Stalltür ist unten ca. 11 : 9 cm, und im oberen Teil 11 : 7,5 cm groß. Auch hier werden schmale Leistchen auf zwei Querbretter geleimt und auf der Außenseite mit Halteleisten versehen. Die obere Tür ist etwas in schiefer Lage angebracht. Um dies zu erreichen, wurde sie auf einem Pappdeckel geleimt, der nach hinten fällt. Wir fügen Tür und Luke (an den Ecken Leim anbringen und von rückwärts ankleben) erst in den Stall, wenn er verputzt ist.

Der Putz besteht aus Krippenmörtel:

Wir geben 500 bis 600 g Grundkreide in eine leere Dose und vermischen sie mit 3/8 l verdünntem Kaltleim (Ponal und Wasser). Nach und nach grobes Sägemehl dazugeben, bis eine gut verstreichbare Masse entsteht. Die Stellen, die verputzt werden, müssen zuvor mit schwachem Leimwasser bestrichen werden. Der Stall weist an mehreren Stellen freigelegtes Mauerwerk auf. Um diesen Effekt zu erzielen, wird hier der Putz stärker aufgetragen. Wenn dieser halb angetrocknet ist, ziehen wir mit einem Schraubenzieher oder einem Nagel das Fugwerk ein. Für die Grundierung der verputzten Wände nehmen wir weiße Dispersionsfarbe.

Das freigelegte Mauerwerk wird nach der Grundierung mit Rot eingefärbt und mit dem nassen Schwamm behandelt, aber erst wenn die Farbe leicht angetrocknet ist. Sind die mit weißer Dispersionsfarbe grundierten Wandflächen trocken, dann rühren wir mit Leimwasser etwas schwarze Pulverfarbe an und gehen mit dieser Farbe über diese Wände, wischen die Farbe aber gleich mit einem nassen Schwamm wieder ab. Nach Möglichkeit die Holzteile nicht einfärben, da diese anschließend mit Holzbeize behandelt werden.

Ist das Dach aufgeleimt, der Verputz an Stall und Tenne angebracht und farblich gefaßt, befestigen wir die Krippe auf dem Bodenbrett, indem wir sie anleimen und von unten her festnageln oder anschrauben. Nun nehmen wir eine 1,5 mm starke Styroporplatte und passen sie auf der Grundfläche ein. Wir leimen sie an und befestigen sie noch mit kleinen Drahtstiften. Mit einem scharfen Messer oder einer groben Raspel schrägen wir von der Vorderkante ausgehend diese Platte unförmig ab und gestalten so ein Gelände. Der Phantasie ist dabei keine Grenze gesetzt. Mit kleinen Styroporteilen können wir noch zusätzlich kleine Geländeerhebungen, Felsen oder Steinpartien gestalten. Der eigentliche Standplatz der Figuren sollte allerdings eben sein.

Wir bestreichen das Gelände mit Verstreichmasse, die genau wie der Krippenmörtel angemacht wird, nur mit dem Unterschied, daß statt Sägemehl feines Schleifmehl verwendet wird. Es entsteht ein dünner Teig. Wir grundieren wieder mit weißer Dispersionsfarbe. Auf ein Brett oder auf eine Glasplatte schütten wir Pulverfarben, die in jedem Farben- oder Malergeschäft zu haben sind, und zwar Schwarz, Ocker, Umbra, Grün, Braun und Rot. Wir tauchen den Pinsel in Leimwasser, tupfen auf Ocker und rühren mit Leimwasser eine leichte, flüssige Ockerfarblösung an, mit der wir das Gelände überziehen. Anschließend überpinseln wir es mit Umbra, einmal leicht und dann wieder etwas stärker und waschen alles nach leichtem Antrocknen mit dem nassen Schwamm aus. Wo Mauerteile mit dem Gelände zusammentreffen, tragen wir Umbra stark auf, um so die Verwitterungsschäden, die hier am stärksten sind, deutlich zu machen. An manchen Stellen tupfen wir auch Grün auf. Wenn wir aufmerksam die Natur beobachten, können wir auch bei der Farbgebung des Geländes nichts falsch machen.

Das Dach haben wir mit ziegelroter Farbe überzogen, die ebenfalls aus Leimwasser und Pulverfarbe – wie oben geschildert – zusammengemischt wurde. Ist diese Farbe trocken – wir können inzwischen das Gelände bearbeiten und so in einem Zug arbeiten – pinseln wir noch Umbra auf das Dach, aber entgegen der Ziegeldeckung von unten nach oben, damit sich in den Dreckstellen, die Verwitterungsschäden darstellen, dunkle Ränder oder Flecken halten und wischen gleich mit dem Schwamm ebenfalls von unten nach oben nach.

# Eine Krippe aus Wurzeln

So steckt die Wurzel im Boden

Wurzelkrippe von Aquilin Markl

Es muß nicht unbedingt ein Stall oder eine Hütte sein: Eine Baumwurzel gibt genauso gut einen idealen Hintergrund für eine Krippe ab. Nach oben gekehrt fordern die bizarren Formen der Wurzeln geradezu unsere Phantasie heraus. Allerdings fallen diese Schätze dem Krippenfreund nicht so einfach in den Schoß; er muß schon das ganze Jahr über danach Ausschau halten. Vom Frühjahr an bis in den Herbst hinein hat er Gelegenheit, im Mischwald oder auch im Nadelwald nach Kiefer- oder Lerchenwurzeln zu suchen. Geeignete Wurzeln sind auf etwas steinigem Boden zu finden, denn durch die Steine sind die Wurzeln gezwungen, sich Wege kreuz und quer im Erdreich zu bahnen, wodurch sich eigenartige und auffällige Formen bilden. Es erfordert schon Kraft und Schweiß, diese Wurzeln dann aus dem Boden herauszuziehen, aber wenn die ganze Familie mitmacht, wird es schon gelingen.

Um Fichtenwurzeln sollte man sich nicht bemühen, da diese kaum verwendet werden können: Sie faulen in der Regel von innen her. Brauchbar sind dagegen Buchen- und Eichenstöcke, die sich zu wunderbaren Höhlenkrippen gestalten lassen. Auch aus Ästen oder Rinden lassen sich Höhlenkrippen anfertigen. Sind die Wurzeln gut getrocknet, werden sie mit einer Drahtbürste gründlich abgerieben und von Schmutz befreit. Es empfiehlt sich, ein Holzschutzmittel aufzutragen, damit die Wurzeln geschützt sind und auch haltbarer werden. Der Vordergrund kann mit Moos ausgelegt werden, den wir in möglichst zusammenhängenden Stücken von Baumstümpfen gehoben haben. Dies ebenfalls rechtzeitig.

Zu diesen Wurzelkrippen paßt eigentlich fast jede Art von Figuren: ob nun geschnitzt, bekleidet oder solche aus Ton. Und noch eins: Eine Wurzelkrippe hat Platz in jedem, noch so kleinen Raum.

Aquilin Markl: Die drei Weisen

Eine Eichenwurzel dient als Krippenstall

# Etwas über Krippenbotanik

Stationen des Präparierens: Hirschheiderich.
Anschauungsmaterial der Krippenbauschule des Vereins Bamberger Krippenfreunde e. V.

Gewöhnlich wird der Boden der Krippe mit Moos ausgeschmückt. Wirkungsvoll sind aber auch Stauden und Wurzeln, die sich gut als Gebüsch oder Bäume in der Landschaft gebrauchen lassen. Geeignet sind Heidelbeerstauden, Berberitze, Zweige vom Buxbaum, Wurzeln der Föhre. Für Ölbäume, die einer orientalischen Krippe gut anstehen, können sämtliche Arten der Scheinzypresse, Hirschheiderich, Astilben, Staditien, Rainfarn, Schafgarbe und im Herbst blühendes Heidekraut genommen werden. Den Pflanzen muß, damit sie haltbar bleiben, das Wasser entzogen werden. Zur Konservierung können nur holzige Pflanzen verwendet werden. Sie müssen noch am gleichen Tag, an dem sie gepflückt werden, in die Konservierungslösung kommen. Je eher man die Pflanze nach dem Abbrechen in das Bad legt, um so besser ist es. Zur Konservierung sind zwei aufeinander folgende Bäder notwendig.
Für das erste Bad werden 2 l Wasser, 1/4 l Formalin und 1/4 l Glyzerin vermischt oder nach Bedarf ein Vielfaches. In dieser Lösung bleiben die Pflanzen vier bis fünf Tage. Herausgenommen läßt man sie ungefähr eine Stunde antrocknen. Anschließend werden sie in das zweite Bad getan, das aus 2 l Wasser und 1/8 l Glyzerin besteht. In diesem Bad verbleiben die Pflanzen nochmals 14 Tage. Wir holen sie aus der Lösung und lassen sie trocknen. Braun gewordene Blätter können mit grüner Farbe nachgefärbt werden.
Darauf muß unbedingt geachtet werden: Da Formalindämpfe giftig sind, darf das erste Bad niemals in geschlossenen Räumen aufgestellt werden.
Für Bäume und Sträucher eignen sich auch präparierte Naturpflanzen oder Zellstoffpflanzen, die in Fachgeschäften für künstliche Blumen erhältlich sind. Empfohlen wird für Nadelhölzer präpariertes Übersee-Erikamoos, für Laubholz präpariertes Adiantum, Hirschheiderich und die Astilbe. Fichtenwurzeln eignen sich als Stämme für Laubbäume und junge Fichtenstämme für Nadelbäume. Stellen wir Bäume bei unserer Krippe auf, stets auf das Größenverhältnis achten: Für 18-cm-Figuren müssen die Bäume eine Mindesthöhe von 60 cm besitzen.
In eine Winterlandschaft, bei deren Gestaltung man aber darauf achten sollte, daß sie nicht kitschig wirkt, passen Fichtenwurzeln als entlaubte Bäume.

# Maria und Josef in heimatlicher Tracht

Im Bamberger Gärtnermuseum (Mittelstraße 34), das einen ausgezeichneten Einblick in die Wohnbedingungen und das tägliche Leben der Gärtner in Bamberg um die Jahrhundertwende gewährt, sind auch originalgetreue Trachten ausgestellt. In eine solche Gärtnertracht haben wir unsere 18 cm großen Krippenfiguren, Maria und Josef, gekleidet. Das nicht aus Gründen der Folklore, sondern weil wir meinten, sie paßten am besten zu unserer fränkischen Hauskrippe oder in unseren fränkischen Stall. Das weihnachtliche Geschehen ist somit ganz in unsere engere Heimat verlegt.

Nach den beigegebenen Schnitten ist diese Tracht problemlos nachzuschneidern. Man darf nun allerdings nicht hergehen und das gleiche Material verwenden wie bei der echten Tracht. Die Stoffe wären für unsere 18-cm-Figuren zu schwer. Wir könnten sie erstens gar nicht richtig verarbeiten und zweitens würden die Krippenfiguren darin äußerst plump und unecht wirken. Es nimmt schon etwas Zeit in Anspruch, die richtigen Stoffe zu finden, die vor allem dünn und nie grob gemustert sein sollten.

Der Rock der Maria ist aus leichtem, rotem Stoff. Er wird in der Weite mehrfach gezogen, um so möglichst viele Falten zu erzielen. Der Rock erhält unten noch ein grünes Bändchen, das ca. 6–7 mm breit ist. Für die hell-lila Schürze, die am oberen Bund stark angezogen werden muß, damit Falten entstehen, wird Seide verwandt. Für das rote Mieder (Spenser) ebenfalls dünnen Stoff verwenden; es wird an den Rändern vorne schwarz abgesetzt. Die Ärmel erhalten Bündchen. Das weiße Schultertuch wird mit leichter Spitze (ca. 1 cm breit) besetzt. Ein goldener Knopf hält es quasi als Brosche über der Brust zusammen. Die weißen Strümpfe sind aus Trikot (eventuell ein abgelegtes, nicht zu grob gemustertes Unterhemd), die nach oben festgezogen und unterhalb der Fersen benäht sind. Die Schuhe werden aus schwarzem Stoff geformt und angenäht.

Josef bekommt einen Mantel aus dunkelblauem Samt, dessen Länge bis kurz unterhalb des Knies reicht. Für die Knöpfe nehmen wir Polster-Nägel deren Köpfe wir mit starker Goldfolie umkleiden. Umgebogen lassen sich die Nägel in den Mantel stecken. Sie sind nicht zu sehen, da die Mantelränder umsäumt werden. Die Kniebundhose, deren Beine weit und locker fallen sollen, ist aus schwarzem Samt. Sie ist oben mit einem Bündchen abgeschlossen. In die rostfarbige Weste stecken wir kleine Rundkopfstifte mit goldenen Köpfen hinein und zwicken dann die Nagellängen ab. Ein kleines, goldenes Kettchen verleiht der Tracht noch den letzten Schliff. Dann um den Hals noch ein schwarzes Tuch winden. Auch Josef erhält aus Trikot weiße Strümpfe und schwarze Schuhe. Übrigens 15 cm Stoff von jeder hier gebrauchten Art reicht aus.

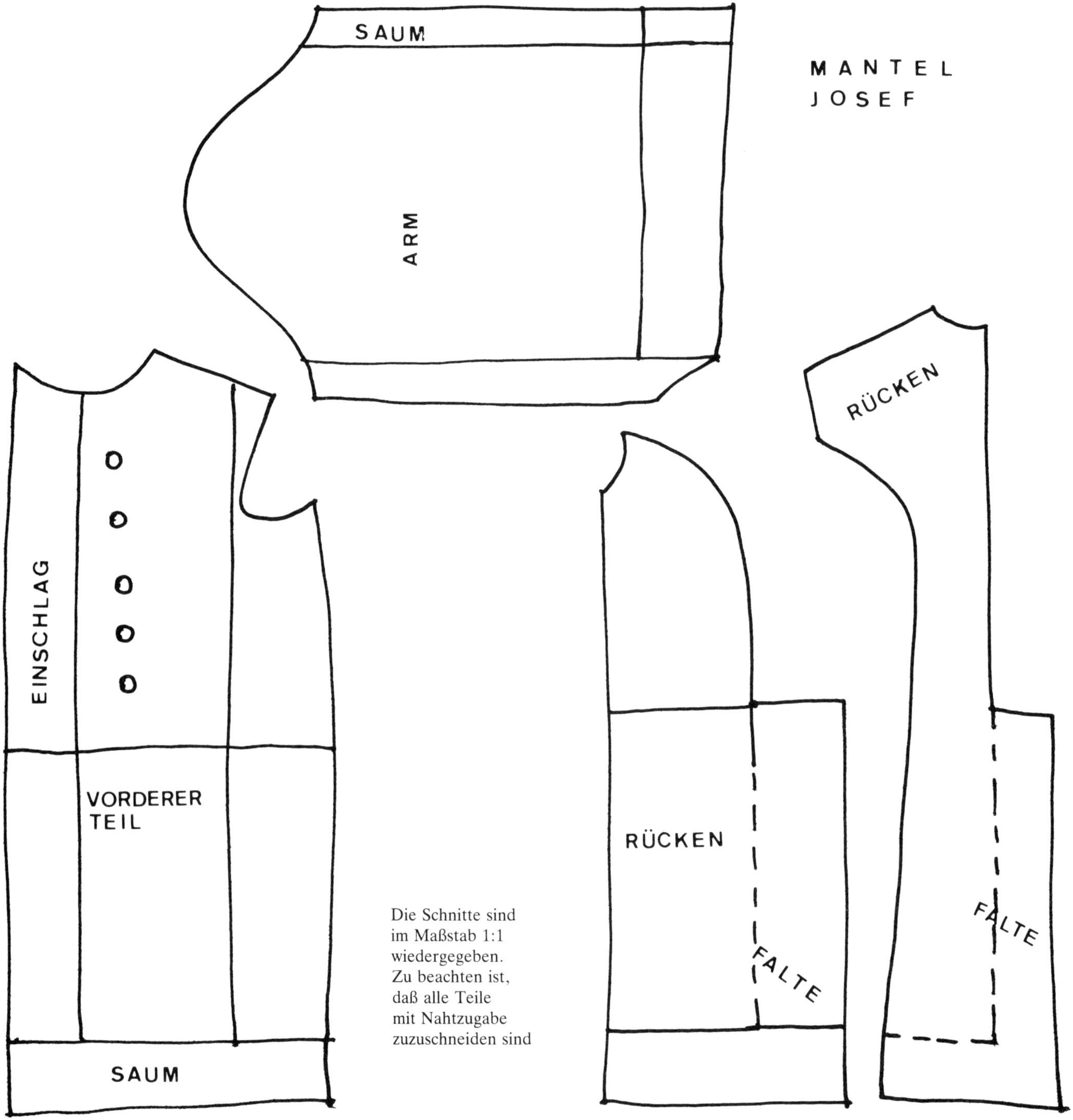


Die Schnitte sind
im Maßstab 1:1
wiedergegeben.
Zu beachten ist,
daß alle Teile
mit Nahtzugabe
zuzuschneiden sind

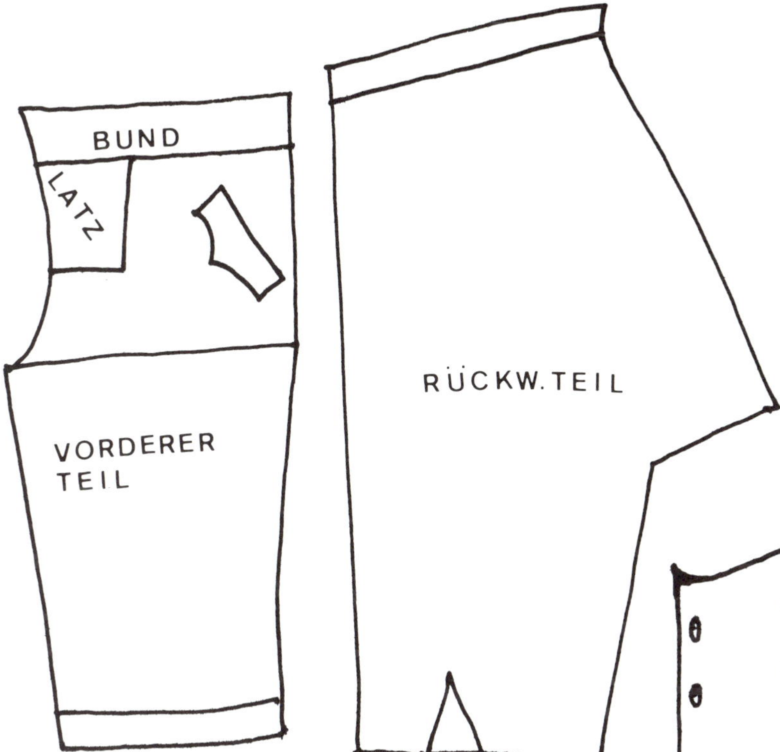


HOSE

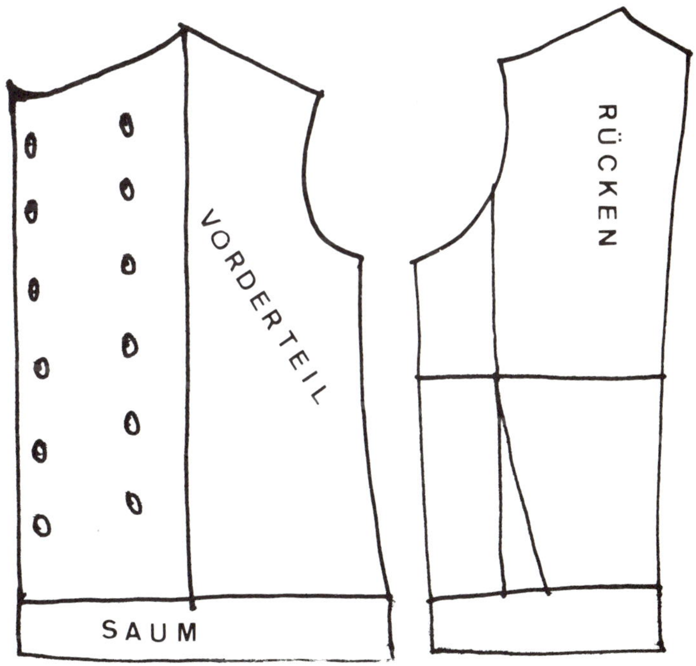


WESTE

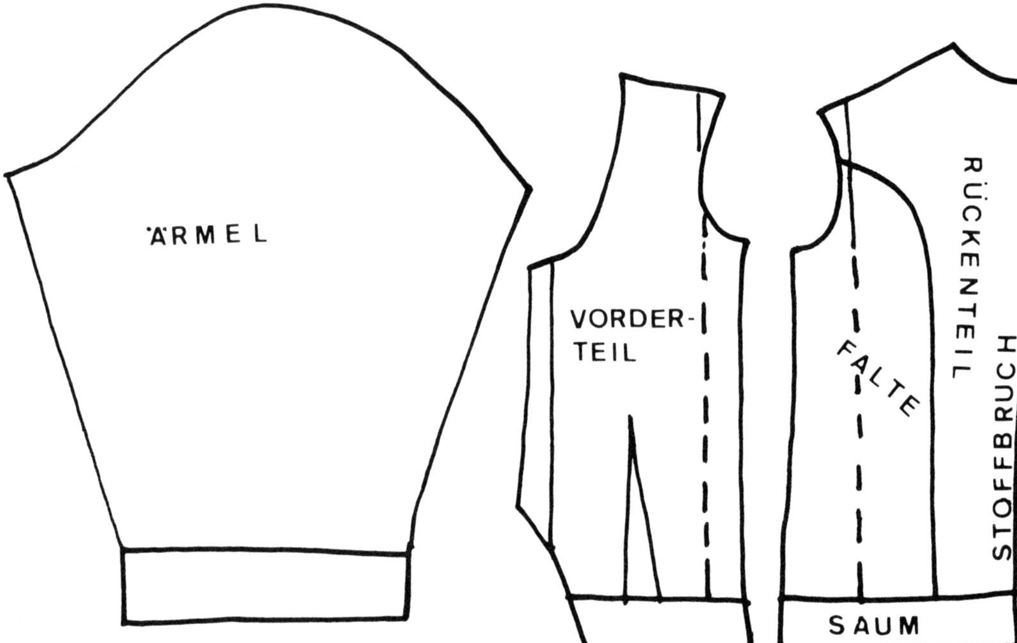

SPENSER MARIA

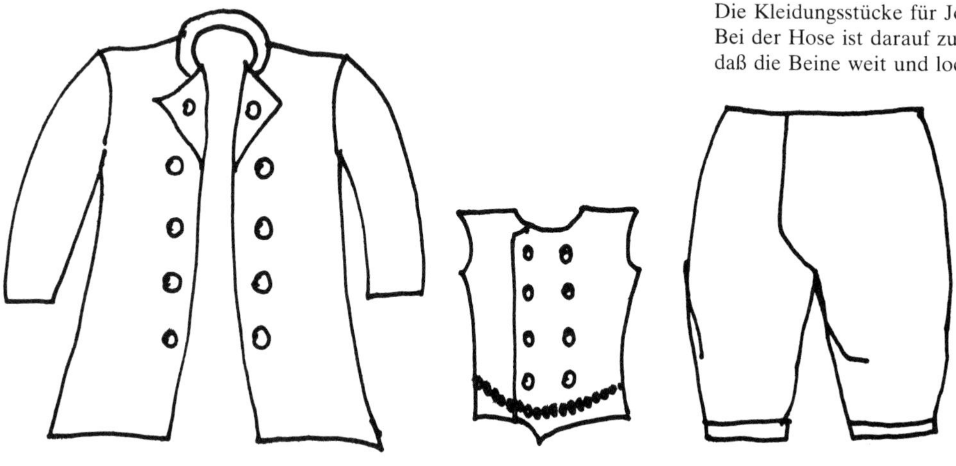
Die Kleidungsstücke für Josef.
Bei der Hose ist darauf zu achten,
daß die Beine weit und locker sind

Josef und Maria sind sogenannte Gliederfiguren aus Plastik, die es in Fachgeschäften zu kaufen gibt. Wir haben Kopf und Hände noch gefaßt, das heißt angemalt. Dazu müssen diese Teile erst mit Aceton (in Drogerien oder Farbenfachgeschäften erhältlich) überpinselt werden, damit die Farbe haften bleibt. Zur Bemalung nehmen wir Plaka, das wir in verschiedenen Farbtönungen (weiß, gelb oder ocker, etwas Rot als Hautfarbe) mischen.
Als Anregung haben wir nur das heilige Paar in heimatliche Tracht gewandet. Die Krippenfiguren können beliebig erweitert werden: Hirten in der Tracht der Bamberger Häcker etwa, die auch im Bamberger Gärtnermuseum zu sehen ist, oder in anderer heimatlicher Tracht. Vorlagen in heimatkundlichen Büchern oder auch in den Zeitungen sind reichlich vorhanden.

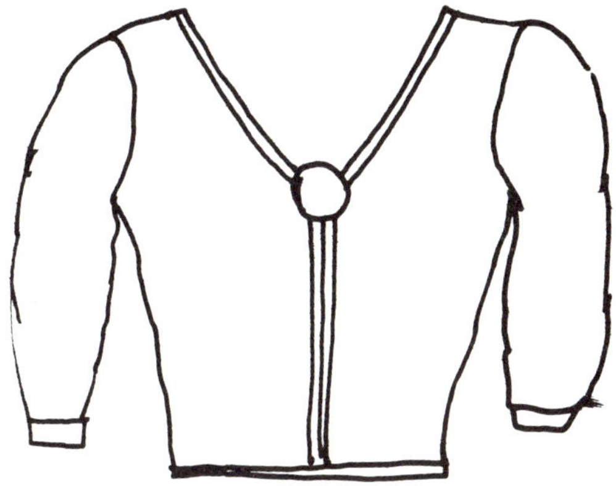

Bluse, Rock und Schürze für Maria. Das Mieder wird in den Rock gesteckt. Die Schürze muß am oberen Bund stark gezogen werden, um entsprechend viele Falten bilden zu können. Darum sollte man auch genügend Stoff verwenden.

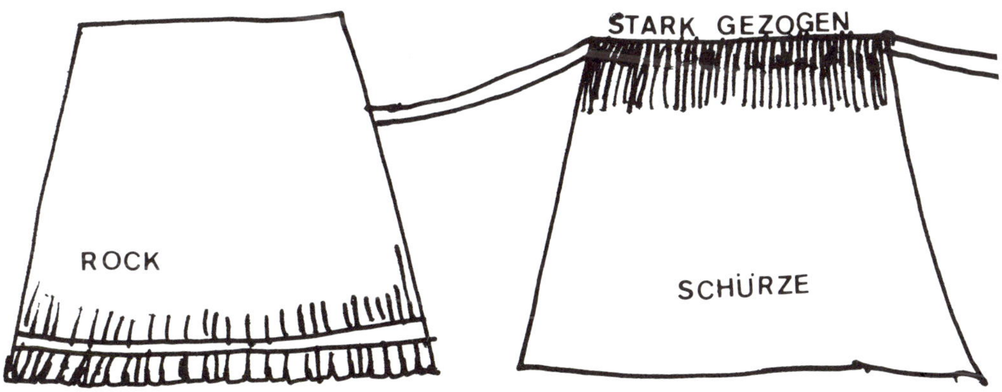

# Krippenzubehör

Um eine Krippenszene zu gestalten, genügen einige wenige Figuren, die wir wirksam gruppieren sollten. Der Aufsteller ist der Regisseur, er führt Regie. Er wird darauf achten, daß die handelnden Personen in einem für den Betrachter spürbaren Verhältnis zueinander stehen, daß sie dem Betrachter auch etwas zu sagen haben.

Zur Abrundung können wir das Bild, die Szene, mit kleinen Details ausstatten: mit Besen, Sägen, Sensen, Rechen, Futtersäcken, Schubkarren oder Leitern. Allerdings ist hier einige Zurückhaltung am Platz: Dieses Drum und Dran soll sich nicht aufdrängen.

Dieses Zubehör gibt es in den Fachgeschäften zu kaufen. Man kann es aber auch leicht selber herstellen, entweder nach der Wirklichkeit oder nach Vorlagen in Büchern, die von bäuerlichem Gerät handeln. Man sollte aber immer das richtige Größenverhältnis im Auge haben: die Gegenstände müssen in ihrer Größe zu den Figuren und zum Stall oder Haus passen. Eine Hilfe leistet uns dabei der „Krippenmeter", der weiter vorne erläutert wurde.

An diesem Modell werden in der Krippenbauschule das Zusammenfügen der Balken und das Anfertigen von Mauer- und Steinmauerwerk demonstriert. Auch wie ein Misthaufen, der bei einem Bauernhaus nicht fehlen darf, hergestellt wird, wird hier erklärt: Mit dünnen Brettchen und kleinen Balken wird eine Mistgrube gebaut, die innen mit Holzteilchen oder Styroporteilchen ausgefüllt wird. Darauf werden dünne, dürre Tannennadeln gestreut. Heißen Tischlerleim darüber laufen lassen und schon hat der Misthaufen ein realistisches Aussehen bekommen.

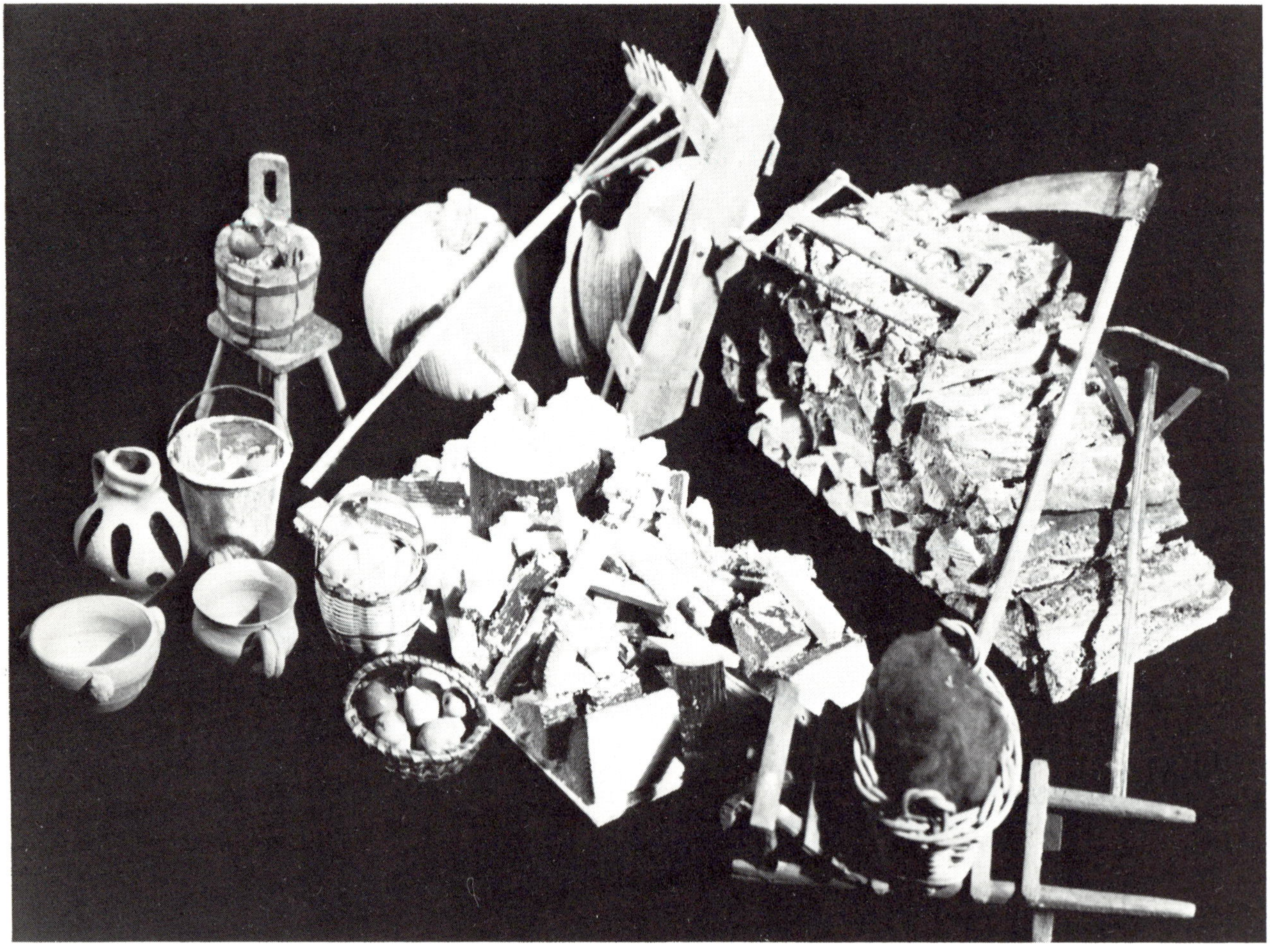

Kleine Details runden die Krippenszene ab.
Hier ist einiges an Krippenzubehör zu sehen:
Sense, Schubkarren, Holzstoß, Hackstock, Krüge,
Körbe und Eimer

# An Stelle eines Nachworts

„Hat die moderne Theologie, vor allem die Exegese und Dogmatik in einzelnen ihrer medienpolitisch geschickt verkauften Vertretern, dem Verständnis des Weihnachtsfestes hilfreich-aufbauende oder eher skeptisch-verunsichernde Impulse gegeben? Manche Exegeten haben mit dem Instrumentarium der historisch-kritischen Methode zu den neutestamentlichen Weihnachtstexten des Matthäus- und Lukas-Evangeliums kommentierende Anmerkungen gemacht, die die Geschichtlichkeit der überlieferten Ereignisse mit einem großen Fragezeichen versehen haben. Sie haben auch über die Jungfrauschaft Marias und über ihr Leben mit Josef, über die Existenz der Engel und ihrer Weihnachtsbotschaft, über die Weisen aus dem Morgenland und den bethlehemitischen Kindermord wie über die Flucht nach Ägypten Aussagen gemacht, die bisweilen nur schwer in den Verstehens- und Auslegungshorizont der kirchlichen Glaubensüberlieferung und Liturgie eingebracht werden können."

„Das Weihnachtsfest und mit ihm die Krippenfreunde haben einen schweren Stand. Warum Krippen bauen und nicht eine praktische, registrierbare und nutzbringende Tätigkeit verrichten? Sind Krippenbau und Weihnachtslieder nur ein Überbau zum menschlichen Leben, der durchaus fehlen kann? Es ist wahrlich des Nachdenkens wert, warum auch im Todeskessel von Stalingrad (Weihnachten 1942) das Weihnachtsbild nicht fehlte, von dem evangelischen Pfarrer und Oberarzt Kurt Reuber auf die Rückseite einer russischen Landkarte mit Kohle gezeichnet. Der Mensch braucht zum Leben mehr als Terminkalender, Kühlschränke und Computer. Es kann auch theologische Polarlandschaften geben, in denen das Herz friert. Weihnachten ist die große, alljährliche Ermutigung, den Herrn, deinen Gott zu lieben, mit deinem ganzen Herzen, mit deinem ganzen Gemüte und mit allen deinen Kräften, – mit dem Herzen zu glauben und die dankbare Freude des Herzens über die gnadenhafte Erlösung: ‚Christus, der Retter, ist da!' ebenso im Lied wie Glanz der Krippen aufscheinen zu lassen."

(Prof. Alfred Läpple, Weihnachten – ein Fest der Fragen und Probleme, Vortrag beim Int. Kongreß der Krippenfreunde in Nürnberg 1979, in: BKf, Nr. 235, März 1981, S. 3/4)

# Anmerkungen

1 NT Lk 2, 12.
2 NT Mt 2, 9–12.
3 Barbara Goy, Aufklärung und Volksfrömmigkeit in den Bistümern Würzburg und Bamberg, Würzburg 1969, S. 26.
4 Vgl. Johann Freitag, Die geistesgeschichtliche und geschichtliche Entwicklung der Krippe, Kurzvortrag im Historischen Verein Bamberg 1956, Manuskript.
5 Georg Witzel, Psaltes ecclesiasticus, zitiert nach Rudolf Berliner, Die Weihnachtskrippe, München 1955, S. 17.
6 Rudolf Berliner, Die Weihnachtskrippe, München 1955, S. 17.
7 Nikolaus Haas, Geschichte der Pfarrei St. Martin in Bamberg, Bamberg 1845, S. 67.
8 Christoph Daxelmüller, Krippen in Franken, Würzburg 1978, S. 105.
9 R. Berliner, a. a. O., S. 14.
10 J. Freitag, a. a. O.
11 Lenz Kriss-Rettenbeck, Anmerkungen zur neueren Krippenliteratur, in: Bayerisches Jahrbuch für Volkskunde, 1966/67, S. 8.
12 R. Berliner, a. a. O., S. 28.
13 Ebda., S. 29.
14 Ebda., S. 29/30.
15 J. Freitag, a. a. O.
16 Vgl. Georg Hager, Die Weihnachtskrippe, München 1902, S. 42/43.
17 R. Berliner, a. a. O., S. 14.
18 Ebda., S. 143.
19 G. Hager, a. a. O., S. 84.
20 N. Haas, a. a. O., S. 67.
21 M. Gudula Bonell, Bamberger Krippen, Bamberg 1973, S. 47.
22 Die Handschrift befindet sich heute in den Sammlungen des Bayerischen Nationalmuseums München. Hier zitiert nach C. Daxelmüller, a. a. O., S. 40.
23 Bamberg im Schweden-Krieg. Nach einem Manuscripte (Mittheilungen über die Jahre 1622–1634) bearbeitet von Dr. Fr. K. Hümmer, in: 52./53. Bericht des Historischen Vereins Bamberg 1890/91, S. 169/170.
24 Vgl. Jakob Gerner, Krippentradition in Franken, in: Festschrift zum 60jährigen Jubiläum des Vereins Bamberger Krippenfreunde 1979, S. 18.
25 Ebda.
26 R. Berliner, a. a. O., S. 93.
27 J. Freitag, a. a. O.
28 Regierungsblatt für die Churbayerischen Fürstenthümer in Franken, I, 1803, Nr. 44, S. 277, zitiert nach B. Goy, a. a. O., S. 26 ff.
29 G. Bonell, a. a. O., S. 51.
30 Eberhard Weis, Das neue Bayern – Max I. Joseph, Montgelas und die Entstehung und Ausgestaltung des Königreiches 1799 bis 1825, in: Krone und Verfassung, München 1980, S. 49.
31 Georg Schwaiger, Die kirchlich-religiöse Entwicklung in Bayern zwischen Aufklärung und katholischer Erneuerung, in: Krone und Verfassung, München 1980, S. 121.
32 Ebda. S. 126.
33 Zitiert nach B. Goy, a. a. O., S. 86.
34 Ebda., S. 3.
35 Promemoria Zirkels an den Minister von Wolkenstein, abgedruckt in: Ludwig, A. F., Zirkel, II., S. 156–157, zitiert nach B. Goy, a. a. O., S. 27.
36 J. Freitag, a. a. O.
37 J. Gerner, a. a. O., S. 18.
38 C. Daxelmüller, a. a. O., S. 87.
39 Johann Baptist Cavallo, Kurzer Unterricht über den Gebrauch der Krippen zur Weihnachtszeit, Bamberg 1826, S. 2.
40 Ebda., S. 3.
41 Ebda.
42 Ebda., S. 4.
43 Ebda., S. 4/5.
44 Ebda.
45 Ebda.
46 Ebda., S. 6.

47 Ebda., S. 15/16.
48 Elisabeth Roth, Nachruf auf Geistlichen Rat und Pfarrer i. R. Johann Freitag, in: Bericht des Historischen Vereins Bamberg 114, 1978, XIII–XV.
49 Ebda.
50 Erich Lidel, Laudatio, in: BKf, Nr. 187, März 1969, S. 4.
51 Ebda.
52 E. Roth, a. a. O.
53 Ebda.
54 Johann Freitag, Festrede anläßlich des 50jährigen Jubiläums des Vereins Bamberger Krippenfreunde, November 1969, Manuskript.
55 Ebda.
56 E. Roth, a. a. O.
57 E. Lidel, a. a. O., S. 3.
58 Elisabeth Roth, Heimatkrippe heute, in: Festschrift zum 60jährigen Jubiläum des Vereins Bamberger Krippenfreunde 1979, S. 15.
59 Weihnachtsgruß 1969.
60 C. Daxelmüller, a. a. O., S. 92.
61 J. Gerner, a. a. O., S. 6.
62 Ebda., S. 8.
63 Ebda.
64 Protokollbuch und Chronik der Ortsgruppe des Vereins Bamberger Krippenfreunde, Band 1, ohne Seitenangabe.
65 Ebda.
66 Ebda.
67 Ebda.
68 Ebda.
69 Ebda.
70 Ebda.
71 Ebda., Band 2.
72 Ebda.
73 Joseph Klassen, Krippenbüchlein, Habelschwerdt 1925, S. 49/50.
74 Ebda., S. 50.
75 Ebda.
76 Ebda., S. 50/51.
77 Ebda., S. 51.
78 Ebda., S. 51/52.
79 Ebda., S. 52.
80 Ebda., S. 54.
81 Ebda., S. 95.
82 Ebda., S. 96.
83 Protokollbuch und Chronik, Band 3.
84 Zitiert nach a. a. O.
85 Ebda.
86 Johann Freitag, 50 Jahre Bamberger Krippenfreunde, in: Festschrift zum 50jährigen Jubiläum 1969.
87 Ebda.
88 Zitiert nach Protokollbuch und Chronik, Band 3.
89 Ebda.
90 Rundschreiben Seiner Heiligkeit Pius' XI. über die Lage der Katholischen Kirche im Deutschen Reich, Bamberg 1937, S. 5/6.
91 J. Freitag, a. a. O.
92 Ebda.
93 Protokollbuch und Chronik, Band 3.
94 Zitiert nach a. a. O.
95 J. Freitag, a. a. O.
96 G. Bonell, a. a. O., S. 108/110.
97 Ebda., S. 110.
98 Ebda., S. 17.
99 Ebda., S. 17/22/25/26.
100 Ebda., S. 17.
101 Johannes Buhl, Die Krippenbauschule in Bamberg – Eindrücke nach einem Besuch, in: BKf, Nr. 229, September 1979, S. 51.
102 Ebda. S. 50.
103 Ebda.
104 Hans-Günter Röhrig, Die Krippe eint, in: BKf, Nr. 231, März 1980, S. 20/21.
105 Valentin Loch, Geschichte der Pfarrei zu Unserer Lieben Frau in Bamberg, im fünften Jahrhundert ihres Bestehens 1787–1887, in: 49./50. Bericht des Historischen Vereins Bamberg 1886–1888, S. 73/74.
106 C. Daxelmüller, a. a. O., S. 76.
107 Krippenakt des Pfarrarchivs der Oberen Pfarre, zitiert nach G. Bonell, a. a. O., S. 59/60.
108 Ebda. S. 60/61.
109 C. Daxelmüller, a. a. O., S. 78.
110 Johann Freitag, Die Krippe der Oberen Pfarrkirche, in: Festschrift zum 60jährigen Jubiläum des Vereins Bamberger Krippenfreunde 1979, S. 21.
111 Ebda., S 23.
112 Hans-Günter Röhrig, Bamberg, die fränkische Krippenstadt, in: Bamberg heute, Nr. 2, 1980.
113 Rudolf Hertinger, Aus dem Krippenparadies unseres Ersten Landesvorsitzenden, in: BKf, Nr. 172, Juni 1965.
114 Bruno Neundorfer, Krippen im Diözesanmuseum, Kleiner Ausstellungsführer des Diözesanmuseums Nr. 2, ohne Jahresangabe.
115 Ebda.
116 C. Daxelmüller, a. a. O., S. 74.
117 G. Bonell, a. a. O., S. 17/18.
118 Karl-Otto Schimpf, Problematik der Heimatkrippe, in BKf,

Nr. 174, Dezember 1965, S. 65.
119 E. Roth, a. a. O., S. 12–15.
120 Ebda., S. 13.
121 Ebda.
122 K.-O. Schimpf, a. a. O., S. 6.
123 Ebda.
124 G. Bonell, a. a. O., 17
125 Karl-Otto Schimpf, Kommt wirklich eine moderne Strömung in die Krippenkunst? in: BKf, Nr. 175, März 1966, S. 11.
126 Georg Spiegler, Modern-Zeitnah, in: BKf, Nr. 178, Dezember 1966, S. 76.
127 K.-O. Schimpf, a. a. O., S. 11.
128 Kurt Lorz, Krippen aus Metall, in: Würzburger katholisches Sonntagsblatt, Nr. 52, 26. Dezember 1976, S. 2/3.
129 E. Roth, a. a. O., S. 15.
130 Ebda.
131 Ebda.
132 Johann Freitag, Festpredigt beim Gottesdienst anläßlich des 50jährigen Jubiläums der Bamberger Krippenfreunde am 9. November 1969 in St. Michael, Bamberg, Manuskript.
133 Johann Freitag, Wie wirkt sich das Konzil auf unsere Krippenkunst aus? in: BKf, Nr. 178, Dezember 1966, S. 73.
134 Zitiert nach J. Freitag, a. a. O., S. 73.
135 Paul Kupfer, Anregungen aus dem Konzil für den Krippenbau, in: BKf, Nr. 177, September, S. 60.
136 Ebda., S. 60/61.
137 Ebda.
138 Ebda.
139 J. Freitag, a. a. O., S. 75.
140 Ebda.
141 Zitiert nach Hans-Günter Röhrig, Laßt uns nach Bethlehem gehen, Rundfunkmanuskript 18. 12. 1980, Bayerischer Rundfunk, Studio Nürnberg, S. 16.
142 Bambergisches Gesang-Buch, worinnen Außerlesene, Christlich-Catholische und Geistreiche Gesänger, auf Sonn- und führnehmste Fest-Täg, und sonsten das ganze Jahr hindurch bey Proceßionen, Creutzgängen, Bitt- und Wallfahrten, auch bey dem Ambt der heiligen Meß, Predig, Kinder-Lehr, und Bruderschaften, wie auch Morgens- und Abends-Gesänger, in Häusern und auf dem Feld, sehr tröst- und nützlich zu gebrauchen, 4. Auflage, Bamberg, 1731.
143 Vgl. Friedrich Wachter, General-Personal-Schematismus der Erzdiözese Bamberg 1007–1907, Bamberg, 1908.
144 Vgl. Johannes Kist, Fürst- und Erzbistum Bamberg, Bamberg, 1962, S. 117–121.
145 Bambergisches Gesang-Buch, a. a. O.
146 Ebda., S. 58–60.
147 Ebda., S. 44–46.
148 Ebda., S. 93/94.
149 Ebda., S. 99–101.
150 Ebda., S. 144–147.
151 K.-O. Schimpf, Basteln oder Bauen, in: BKf, Nr. 184, Juni 1968, S. 25.
152 Ebda., S. 25/26.
153 Wilhelm Döderlein, Die Krippe in der Volkskunst, in: BKf, Nr. 167, März 1964, S. 19.
154 Rudolf Hertinger, Nicht Steckenpferd, nicht Hobby, in: BKf, Nr. 153, September 1966, S. 59.
155 Anna Herlein, Wir modellieren Plastika-Figuren, in: BKf, Nr. 174, Dezember 1965, S. 74.
156 Ebda., S. 75.
157 Vgl. Anna Herlein, Meine Plastika-Krippe, in: BKf, Nr. 145, September 1958, S. 55/56.
158 Vgl. Irmgard Gierl, Das Krippenbuch, München 1980, S. 78.
159 Jakob Gerner, Der graphische Krippenmeter, in: BKf, Nr. 228, Juni 1979, S. 29/30.

## Abkürzungen

AT = Altes Testament
NT = Neues Testament
BKf = Bayerischer Krippenfreund

## Literatur

Bambergisches Gesang-Buch, 4. Auflage, 1731.
Berliner, Rudolf, Die Weihnachtskrippe, München 1955.
Bonell, Gudula, Bamberger Krippen, Bamberg 1973.
Buhl, Johannes, Die Krippenbauschule in Bamberg, in: BKf, Nr. 229, September 1979, S. 48–51.
Buhl, Wolfgang, Hrsg., Der Nürnberger Christkindlesmarkt, Würzburg 1976.
Cavallo, Johann Baptist, Kurzer Unterricht über den Gebrauch der Krippe zur Weihnachtszeit, Bamberg 1826.
Daxelmüller, Christoph, Krippen in Franken, Würzburg 1978.
Döderlein, Wilhelm, Die Krippe in der Volkskunst, in: BKf, Nr. 167, März 1964, S. 19/20.
–, Vom Krippenbauen, Kempten 1950.
Ebertshäuser, Heidi Caroline, Hrsg., Zauberreiche Weihnacht, München 1977.
Eichenseer, Erika und Adolf J., Oberpfälzer Weihnacht, Regensburg 1978.
Freitag, Johann, Die Krippe der Oberen Pfarrkirche, in:

Festschrift zum 60jährigen Jubiläum des Vereins Bamberger Krippenfreunde 1979, S. 21–23.
–, 50 Jahre Bamberger Krippenfreunde, in: Festschrift zum 50jährigen Jubiläum 1969.
–, Wie wirkt sich das Konzil auf unsere Krippenkunst aus? in: BKf, Nr. 178, Dezember 1966, S. 73–75.
Gerner, Jakob, Der graphische Krippenmeter, in BKf, Nr. 228, Juni 1979, S. 29/30.
–, Krippentradition in Franken, in: Festschrift zum 60jährigen Jubiläum des Vereins Bamberger Krippenfreunde 1979, S. 16–20.
Gierl, Irmgard, Das Krippenbuch, München 1980.
Goepfert, Günter, Hrsg., Alpenländische Weihnacht, München 1972.
Goy, Barbara, Aufklärung und Volksfrömmigkeit in den Bistümern Würzburg und Bamberg, Würzburg 1969.
Haas, Nikolaus, Geschichte der Pfarrei St. Martin in Bamberg, Bamberg, 1845.
Hager, Georg, Die Weihnachtskrippe, München 1902.
Handbuch für Krippenfreunde, anläßlich des 50jährigen Bestehens herausgegeben vom Verein Bayerischer Krippenfreunde e. V., Regensburg 1967.
Neues Hausbuch zur Advents- und Weihnachtszeit, Freiburg 1977.
Herlein, Anna, Meine Plastika-Krippe, in BKf, Nr. 145, September 1958, S. 55/56.
–, Wir modellieren Plastika-Figuren, in BKf, Nr. 174, Dezember 1965, S. 74–76.
Hertinger, Rudolf, Nicht Steckenpferd, nicht Hobby, in BKf, Nr. 153, September 1960, S. 57–60.
–, Aus dem Krippenparadies unseres Ersten Landesvorsitzenden, in BKf, Nr. 172, Juni 1965, S. 26–28.
Hümmer, Fr. K., Hrsg., Bamberg im Schweden-Krieg. Nach den Mitteilungen der Anna Maria Junius, in: 52/53. Bericht des Historischen Vereins Bamberg, 1890/91.
Klassen, Joseph, Krippenbüchlein, Habelschwerdt 1925.
Kist, Johannes, Fürst- und Erzbistum Bamberg, Bamberg 1962.
Kriss-Rettenbeck, Lenz, Anmerkungen zur neueren Krippenliteratur, in: Bayerisches Jahrbuch für Volkskunde, 1966/67.
Krüppel, Maria Karin, Weihnachten mit Kindern vorbereiten, Freiburg 1976.
Kupfer, Paul, Anregungen aus dem Konzil für den Krippenbau, in: BKf, Nr. 177, September 1966, S. 60–62.
Lidel, Erich, Laudatio, in: BKf, Nr. 187, März 1969, S. 3–5.
Loch, Valentin, Geschichte der Pfarrei zu Unserer Lieben Frau in Bamberg, in: 49./50. Bericht des Historischen Vereins Bamberg 1886–1888, S. 1–239.
Lorz, Kurt, Krippen aus Metall, in: Würzburger katholisches Sonntagsblatt Nr. 52, 26. 12. 1976, S. 2/3.
Mühlschlegel, Edeltraud, Wir basteln mit Kindern, München 1978.
Neundorfer, Bruno, Krippen im Bamberger Diözesanmuseum, in: Festschrift zum 60jährigen Jubiläum des Vereins Bamberger Krippenfreunde 1979, S. 24/25.
Rattelmüller, Paul Ernst, Auf Weihnachten zua, München 1976.
–, Das große Leben Christi gezeigt an der Krippe des Fürstbischofs Graf von Lodron zu Brixen, München 1975.
Röhrig, Hans-Günter, Als ich in die Krippenbauschule ging, in: Festschrift zum 60jährigen Jubiläum des Vereins Bamberger Krippenfreunde 1979, S. 28.
–, Bamberg – die fränkische Krippenstadt, in: Bamberg heute, Nr. 2, 1980, S. 16–19.
–, Laßt uns nach Bethlehem gehen, Rundfunkmanuskript 18. 12. 1980, Bayerischer Rundfunk, Studio Nürnberg.
–, Die Krippe eint, in: BKf, Nr. 231, März 1980, S. 20–22.
Roth, Elisabeth, Nachruf auf Geistlichen Rat und Pfarrer i. R. Johann Freitag, in: Bericht des Historischen Vereins Bamberg, 114, 1978.
–, Heimatkrippe heute, in: Festschrift zum 60jährigen Jubiläum des Vereins Bamberger Krippenfreunde 1979, S. 12–15.
Schimpf, Karl-Otto, Kommt wirklich eine moderne Strömung in die Krippenkunst? in: BKf, Nr. 175, März 1966, S. 9–11.
–, Problematik der Heimatkrippe, in: BKf, Nr. 174, Dezember 1965, S. 65/66.
–, Basteln oder Bauen, in: BKf, Nr. 184, Juni 1968, S. 25/26.
Schmitt-Menzel, Isolde, Formen mit Modelliermassen, Ravensburg 1977.
Schumm, Hans, Eine öffentliche Krippe in Bamberg, in: BKf, Nr. 167, März 1964, S. 20–22.
Spiegler, Georg, Modern-Zeitnah, in: BKf, Nr. 178, Dezember 1966, S. 76–80.
–, Krippenbau in unserer Zeit, Donauwörth 1967.
Ströse, Susanne, Weihnachtliches Gestalten, München 1977.
Wachter, Friedrich, General-Personal-Schematismus der Erzdiözese Bamberg 1007–1907, Bamberg 1908.
Weinhold, Gertrud/Harry C. Suchland, Freude der Völker. Weihnachtskrippen und Zeichen der Christgeburt aus aller Welt, München 1978.
Weismantel, Leo, Buch der Krippen, Augsburg 1930.
Widmann, Werner A./Wilkin Spita, Die wahrhaft göttliche Komedi, Regensburg 1976.
Zeitler, Walther, Waldlerische Weihnacht, Grafenau, o. J.

## Quellen

Protokollbücher des Vereins Bamberger Krippenfreunde